DIRECT FROM
SPAIN

Authentic Materials for Reading and Conversation for Advanced-Beginning and Intermediate Students

Sonia Rouve • Ray Symons

 National Textbook Company
NTC a division of *NTC Publishing Group* • Lincolnwood, Illinois USA

This edition first published in 1992 by National Textbook Company,
a division of NTC Publishing Group, 4255 West Touhy Avenue,
Lincolnwood (Chicago), Illinois 60646-1975 U.S.A. Originally published by
Stanley Thornes Publishers Ltd. © 1990 by Sonia Rouve and Ray
Symons (Text) and Stanley Thornes Publishers Ltd. (Original line

1 2 3 4 5 6 7 8 9 BC 9 8 7 6 5 4 3 2 1

Contents

Preface

Direct from Spain is an exciting collection that allows students in their beginning years of Spanish studies to read materials drawn from the Spanish media, as well as other authentic selections that reflect the language, culture, and character of Spain today. Short stories, advertisements, cartoons, maps, school documents, government announcements, signs, schedules, personal notes, invitations—the impressive range of authentic readings presented here helps students to develop their reading skills, as they acquire the vocabulary and structures essential to "survival" in Spanish in a wide variety of everyday situations.

Divided by theme into ten chapters, *Direct from Spain* features subjects ranging from life at home, at school, and at work, to sports and leisure time, to food and health, and more. In addition to developing reading comprehension, each chapter can be used as a springboard for communicative activities in Spanish. Questions marked *P*, for *Práctica oral,* are designed to encourage oral work in the classroom. These can also serve as a basis for writing practice. In addition, questions in English marked *E* test for understanding of the specific content of readings and help develop reading-comprehension skills in general. At the end of the book, a Practice Examination encourages students to test the reading strategies that they have acquired in the course of working through the book.

With its wealth of readings and practice materials, *Direct from Spain* will prove to be an essential resource in the Spanish-language classroom. Its emphasis on proficiency skills and on the everyday culture of the Spanish people makes it an invaluable addition to any basic Spanish course.

Chapter 1
Datos personales, la casa y los animales

'Mi casa es tu casa' es un refrán español que se emplea cuando un español quiere que otra persona se sienta a gusto en su compañía, y que sea uno más de la familia. Este capítulo te ayudará a conocer mejor a la gente española, la vida familiar y los hogares de los españoles.

A Datos personales

E1

When you arrive at your Spanish friend's house, she shows you her identity card. Everyone in Spain has to carry one.

1 Where and when was Victoria born?
2 Does she still live in the same town?
3 How often should the identity card be renewed?
4 What other information can you find on it?

P

a ¿Cuándo naciste? ¿Dónde?
b ¿Cuántos años tienes?
c ¿Tienes hermanos(-as), tíos(-as), primos(-as)?
d Describe a un miembro de tu familia.

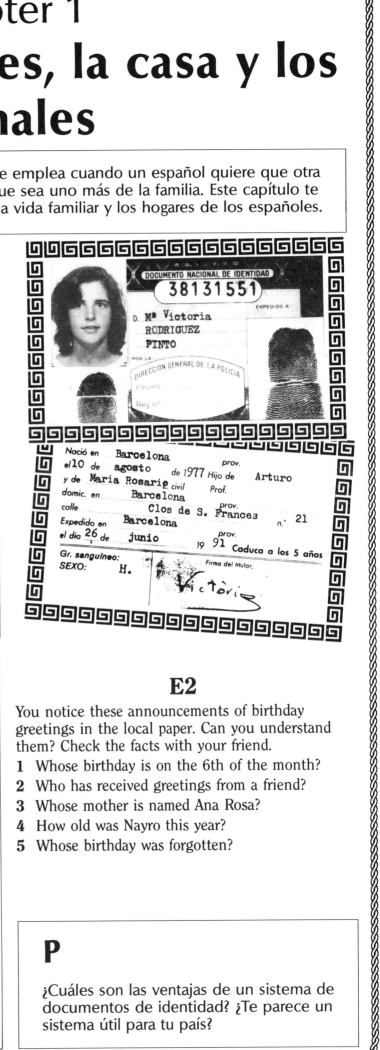

DOCUMENTO NACIONAL DE IDENTIDAD
38131551
D. Mª Victoria RODRIGUEZ PINTO
EXPEDIDO A
POR LA DIRECCION GENERAL DE LA POLICIA
EQUIPO
Reg. nº

Nació en Barcelona el 10 de agosto de 1977 prov.
Hijo de Arturo y de Maria Rosario Prof.
estado civil
domic. en Barcelona
calle Clos de S. Frances prov. nº 21
Expedido en Barcelona
el día 26 de junio 19 91 prov. Caduca a los 5 años
Gr. sanguíneo:
SEXO: H.
Firma del titular,

E2

You notice these announcements of birthday greetings in the local paper. Can you understand them? Check the facts with your friend.

1 Whose birthday is on the 6th of the month?
2 Who has received greetings from a friend?
3 Whose mother is named Ana Rosa?
4 How old was Nayro this year?
5 Whose birthday was forgotten?

CUMPLEAÑO.— El pasado día 29, cumplió un añito el niño Nayro Avero Hernández. Es hijo de don Eduardo Avero Núñez y de doña María del Mar Hernández.
Reciba nuestra felicitación.

CUMPLEAÑOS.— El pasado día 28 cumplió 10 años la encantadora niña Nuria Medina Castro. Es hija de don Rafael Medina Ortega y de doña Ana Rosa Castro Rodríguez.
Reciba Nuria Medina y sus familiares nuestra felicitación por tan feliz día.

CUMPLEAÑOS.— Hoy, día 6, cumplió 16 años la señorita Rita-Laura Rodríguez Padilla. Le deseamos muchas felicidades.

FELICIDADES.— Maite aunque con retraso en el día de tu cumpleaños. De tu amiga.
M.A.G.

P

¿Cuáles son las ventajas de un sistema de documentos de identidad? ¿Te parece un sistema útil para tu país?

E3

You find this notice in a newspaper. What sort of announcement is it?

†

SEÑOR DON

JOSÉ FRANCISCO MOCOROA MARTíNEZ

Falleció en Madrid el día 11 de septiembre habiendo recibido los Santos Sacramentos

D.E.P.

Su esposa, doña Carmen Hernández Quesada; hermano, Raimundo; hijos, Luis Antonio, Lucía, Juan María, María Emilia y Agustín; hijos políticos, padres políticos, nietos, sobrinos y demás familia ruegan una oración por su alma.

La conducción del cadáver tendrá lugar el día 12 de septiembre, a las 12.45 horas, desde los Servicios Funerarios de Madrid, calle de Salvador Madariaga, hasta el cementerio de la Almudena. El funeral por su eterno descanso se celebrará el día 12 de septiembre, a las 20.30 horas, en la parroquia de Santa Rita, calle de Gaztambide, 75.

E4

Your Spanish host family goes shopping to buy a present for two friends from this department store. For what special occasion is the gift?

E5

For the same occasion, the shop BOTAFOC also offers ideas for presents. Where in the home could these gifts be used?

listas de boda para vosotros

Una exposición de regalos con estilo.
Usos prácticos. Otros decorativos. Todos originales.
Para tu sala de estar. Para el comedor.
Para vuestro dormitorio. Para "vuestro hogar."
Una colección que va desde el pequeño detalle económico a otros regalos muy, muy especiales que BOTAFOC os ofrece para..."vuestra lista de bodas".

BOTAFOC
Arte y Regalo

Regalos para toda la vida

Os esperamos. Y hablaremos sin compromiso
— Avda. Bartolomé de Roselló, 14 - IBIZA —

Margen/J.J.Crean

E6

Your Spanish teacher at school has put you in touch with Marina, because you wanted a Spanish penpal. In her first letter she gives you some details about herself.

1 Does she have a brother or sister? Is he/she older or younger?
2 What kind of pet does she have?
3 Which two sports does she enjoy?
4 What is her favorite food?

¡Hola Sarah! Me llamo Marina, tengo 15 años y vivo en Cartagena región de Murcia.

Tengo un hermano que ha cumplido 13 años y 1 perro que se llama TXAKUR.

Me gustan los cantantes como Michael Jackson y Madonna.

Mis deportes favoritos son: El tenis y la natación

Mi comida favorita es la tortilla de patata

Hasta pronto

Marina

P

a ¿Te gustaría escribir a Marina?
b ¿Cuáles son tus deportes favoritos?
c ¿Te gustan los mismos cantantes?

E7

Gary is in your class at school and has studied some Spanish, but asks you to check if he has understood everything in his new penpal's letter. What has Gary got right?

1 Rafael was born in Madrid.
2 He lives in La Manga.
3 He likes tennis and soccer.
4 His favorite pets are cats and dogs.
5 He hates math.
6 He wants Gary to write back.

¡Hola Gary! Me llamo Rafael, tengo 14 años he nacido en Madrid pero ahora vivo en Cartagena con mi familia, tengo un chalet en la Manga del Mar Menor.

Mis hobbies son hacer laberintos, jugar al tenis, al baloncesto, pero no me gusta el fútbol, y la clase de animales que más me gusta para tener en casa son el perro y el gato.

La asignatura que más me gusta son las matemáticas que las tengo 4 horas a la semana

Adiós   Escríbeme pronto
          Saludos

P

a Describe tu carácter. ¿Eres curioso(-a), optimista, afectuoso(-a). . . ?
b Describe a un(una) amigo(-a). ¿Por qué sois amigos(-as)?
c Dónde vives? ¿Te gusta tu casa/piso? Haz una descripción de tu casa/piso.
d Describe tu habitación. ¿Cómo sería tu habitación ideal?

ADIVINE QUIENES SON... Y SORPRENDASE

LOS FAMOSOS DE HOLLYWOOD CUANDO ERAN PEQUEÑOS

Todos los famosos, aunque a muchos les cueste creerlo, han tenido una infancia y un pasado. Para unos fue feliz, para otros desgraciado. En cualquier caso, ese ayer está ahí, incluso con documentos gráficos, que revelan, alegría, tristeza, soledad, afecto, desatención. En fin, mil matices que configuran la personalidad de cada uno.

1.—Fue el vaquero, más vaquero de todos los vaqueros de las películas del Far West.

2.—Se casó siete veces con seis maridos.

3.—Sufrió un tormentoso divorcio de un sueco y es la malvada de una serie muy popular.

E8

Here are three photos of certain stars when they were young. See if you can figure out who they are. The clues should help!

P

a ¿Has visto alguna foto de tus padres cuando eran jóvenes? ¿Qué diferencias hay?
b ¿Y tú, cómo eras?

E9

Here are two articles which your friend has sent you because she thinks you will be interested in the famous people depicted. According to what you have read, which of the following statements appear to be true?

A

1 Once inside, José Luis has to wait another three hours.
2 The concert did not start until after nightfall.
3 Sting started his tour eight months ago in Argentina.
4 The concert lasted three hours and was a great success.

STING PASO POR ESPAÑA

Hacía una tarde espléndida. La cuesta que se anticipa al recinto estaba oculta por una larga fila. Seguí avanzando hasta las puertas y, casualidad, empezó a formarse otra fila pequeña, paralela a la anterior. Me coloqué y en menos de cinco minutos estaba dentro. Tuve suerte. Pero aún faltaban dos horas. Esperar tanto me fastidiaba un poco, pero supe aguantar. Despúes de dos horas de impaciencia y diez minutos de retraso, cuando la noche había caído, por fin asomaron los músicos, uno a uno, hasta que, entre la ovación del público, salió él, Sting.

Matthew Sumner, Sting, había empezado su gira mundial hacía seis meses en Brasil, en el estadio Maracaná, ante 200.000 personas. Siguieron tierras argentinas, europeas y, por fin, España. El maestro llegó con seis *trailers* y tres autocares, con 220.000 vatios de sonido y 350.000 vatios de luces. Por cierto, los rumores de suspensión no se confirmaron... Tuvimos más suerte que los valencianos. Yo fui uno de los privilegiados que pudimos verle: tres horas de concierto, recorriendo las canciones de «Nothing like the sun» y de sus anteriores discos (incluidos los de «Police»), con versiones largas y momentos espectaculares. Dos «bises» como broche de oro, cierre apoteósico. Un concierto de gala para la historia madrileña.

Informa: José Luis Santamera, de Madrid.

MADONNA Y SEAN ⓑ

Insistentes rumores sobre un posible divorcio entre Madonna y Sean Penn. Desde que se casaron, Sean ha tenido difíciles relaciones con la prensa, incluso estuvo en la cárcel por pegar a un fotógrafo... Al terminar su gira europea, Ettore Santinello, guardaespaldas de la superestrella en Italia, declaró haber tenido *amores* con ella e incluso dijo que Madonna le había jurado amor eterno.

Así las cosas, la prensa USA difundió la noticia de que Madonna había presentado su demanda de divorcio. Paralelamente, un diario alemán publicó que Madonna estaba embarazada, y hoy, una nueva noticia —¿o quizá un bulo?— dice que la cantante padece cáncer de mama. Los fans ya no sabemos qué pensar...

Informa: Julián González Almazán, fan de Madonna. Villanueva de los Infantes (Ciudad Real).

B

1 Sean Penn has been in jail for hitting a policeman.
2 Madonna is said to have sworn her love for her bodyguard.
3 The American press claims that she is suing for divorce.
4 An English newspaper writes that she is pregnant.

P

a ¿Te apetece leer los reportajes sobre las estrellas?
b Escribe dos párrafos sobre tu cantante favorito(-a).

You enjoy reading the problem pages in teen magazines and decide to see if Spanish teenagers write about the same kind of things.

¿Cómo vencer la timidez?

Es como para pegarse un tiro. Cada vez que me gusta un chico, me quedo bloqueada, con la mente en blanco. Soy terriblemente tímida y no se me ocurre ningún medio para establecer contacto con él. ¿Estrella podrías darme algunos trucos?
Sonia A., 14 años, Burgos.

Por las numerosas cartas que recibo, veo que tu problema afecta a muchísimos jóvenes. En primer lugar, quiero felicitarte por tu capacidad de iniciativa y por distanciarte del arraigado prejuicio de que deben ser los chicos quienes den el primer paso. ¿Trucos que te ayuden a romper el hielo? Nuestras abuelas ya conocían docenas de triquiñuelas para llamar la atención de los caballeros sin salirse de su *rol* de **señoritas recatadas y modosas:** un pañuelo que se deja caer distraídamente, un desvanecimiento oportuno… Hoy día, lógicamente, se aplican estrategias diferentes. Veamos dos de ellas:

Método indirecto
Lo más sencillo es buscar la proximidad física con el chico que te interesa, sentándote junto a él en el autobús, coincidiendo en las actividades deportivas o en la discoteca. Sé amable, pero sin exageraciones, con toda naturalidad. La clave está en que él se perciba de tu presencia y te incorpore en sus pensamientos: ¿Me gusta? ¿Qué puedo hacer para atraerla hacia mí?

Método directo
En esta segunda variante, la relación se entabla de modo activo, recurriendo a un pretexto cualquiera. Pídele algo que sepas de buena tinta que posee: discos, libros, vídeos, etcétera. Solicita consejo o información sobre asuntos que él domine, dile que tienes interés por ver su colección de sellos… **Todas las chicas, incluso las más tímidas, pueden lograr que un chico se fije en ellas.** Ya has visto que el primer contacto es relativamente fácil. Ahora le toca a él mostrar interés o reaccionar.

Si no se inmuta, acéptalo sin darle más vueltas. ¡Evita el penoso y contraproducente espectáculo de repetir los intentos de aproximación! Pronto se presentará otro chico que te guste. Y, por favor, no te avergüences de tu timidez. Forma parte de ti y, bien llevada, puede ser un encanto más.

1 What is Sonia's big problem?

2 What would she like to do?

3 What does Estrella say about the problem?

4 According to Estrella, who knew a few ploys? Give an example.

5 Some of those ploys might be old-fashioned, so what does Estrella suggest as an indirect approach?

6 What does she tell Sonia to do if she were to adopt a more direct approach?

7 What should Sonia do if the boy shows no further interest? Why?

8 What should Sonia not be ashamed of?

P

a El problema de Sonia es la timidez. ¿Te afecta a ti también?

b ¿Tienes un amigo/un novio (una amiga/una novia)? ¿Cómo es?

c ¿Tus padres, qué opinan de tus amigos?

E11

Boys have problems too. Read Miguel's letter to a magazine.

¿Cómo declararle mi amor?

Hace unos meses conocí a una chica muy simpática y guapísima en la urbanización. Mantenemos una relación de amistad, pero yo quisiera salir con ella. ¿Cuál debe ser mi próximo paso? ¿Cómo puedo convertir nuestra amistad en una relación amorosa? Espero que me ayudes, pues es la primera vez que me interesa una chica.
Miguel Angel S., 16 años, Villalba.

La pregunta «¿quieres salir conmigo?» está fuera de lugar porque seguramente resultaría precipitada. Para que una relación de camaradería se convierta en algo mucho más intenso hay que proceder con cautela.
El amor y la amistad pueden estar muy cerca o muy lejos. La próxima vez que veas a tu chica podrías hacerle un cumplido: «Cómo brilla tu mirada», «cuando estás conmigo se me pasa el mal humor», «estás monísima con esa camiseta. Ese color te sienta fenomenal». Propón actividades y, como quien no quiere la cosa, deja notar que te alegra verla. Al día siguiente de vuestro encuentro, llámala para decirle tan sólo: «Quiero que sepas lo bien que lo pasé ayer contigo.» Y luego espera a ver cómo reacciona ella.

Si ves que responde positivamente a tus mensajes, puedes pasar a la siguiente fase: los roces o contactos físicos aparentemente casuales. Al contarle algo puedes cogerla del brazo o de la mano para subrayar tus palabras.
Como último paso, quizá después de una partida de ping-pong emocionante y muy disputada, podrías abrazarla y decirle: «Contigo siempre me encuentro a gusto. Eres la chica más maja del universo. Me gustas muchísimo.» ¡Suerte!

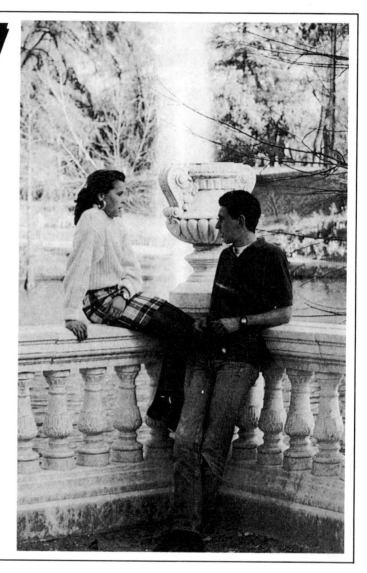

1 When did Miguel meet this girl?

2 What kind of relationship do they have? What would he like it to be?

3 Has he had lots of girl friends?

4 What does Estrella advise him not to say?

5 What does she advise him to do? Give one example.

6 How does she describe the next possible step?

7 What example does she give as a final step?

8 What does she say to him right at the end of her reply?

P

a ¿A ti, te ha occurido la misma cosa con una chica o con un chico?

b ¿Qué opinas de la respuesta de Estrella? ¿Qué les pasará a Miguel y a su amiga?

c ¿Te es fácil ligar? Habla con tu pareja de clase sobre el problema de mantener relaciones.

E12

Here is a selection from a "lonely hearts" column. Match the advertisers with the type of person they are seeking.

CONTACTOS

CHICO soltero de 28 años, 1,75 de altura y 75 kilos desea encontrar a chica entre 18 y 30 años para sincera amistad. Tel. 284 1952.

QUISIERA contactar con chica entre 28–35 años sin perjuicios, para buena amistad, salir juntos y pasarlo bien. Soy soltero 33 años. Apdo. Correos 1010 BARCELONA.

VIUDO desea relaciones serias con sra. formal; si no es seria que no llame. Edad de 48 a 52 años. Llamar de 9 a 10h noche a Toni. Tel. 240 88 19.

CHICO de 23 años busca chica para amistad y si congeniamos salir formado pareja estable. Angel (Hijo). Tel. 849 46 20.

SEÑORA 57 años simpática cariñosa desea conocer señor 65 años para salir. Tel. 239 1078.

SEÑORA viuda de 62 años sin responsabilidad familiar desea relación con caballero de similar edad para fines serios. No importa población. Tel. 98 349 0522.

CHICO 32 años soltero, desea amistad con chica para compartir tiempo libre, no importa edad, indicar tel. no es agencia. Enrique. Apdo. correos. 94.067 SITGES.

SEÑORA separada agraciada desearía conocer caballero 35 a 40 años, educado nivel medio, para amistad y posible convivencia. Dejar tel. Llamaré. Apdo. 899 de Primavera, C/Manterias 571, 03026 GERONA.

Advertisers	Seeking . . .
1 33-year-old bachelor	A Serious relationship with a lady
2 Widower called Toni	B Girl for friendship
3 28-year-old bachelor	C Educated gentleman in his late thirties
4 Kind lady of 57	D Gentleman of the same age
5 Bachelor called Enrique	E Girl under 30 for sincere friendship
6 Widow with no family ties	F Girl, any age, to share free time
7 Lady who is separated	G Girl, under 35, to date
8 Angel	H Man of 65 to go out together

P

a ¿Te interesaría contactar con una de estas personas? ¿Cuál? ¿Por qué?
b Describe a tu pareja ideal.
c Y ahora tú. Escribe un anuncio, dando detalles (edad, intereses, etc.) y pidiendo contactos.

E13

While looking at some magazines in your Spanish friend's home, you come across a horoscope page. Your sign is Aries, your friend Mila's is Gemini and her younger brother's is Leo.

HOROSCOPO

Salud. — Si has cometido errores en tu comportamiento, ahora aparecerán bajo la forma de un debilitamiento general, pero no es nada serio y pronto te verás restablecido.

Dinero. — Tendrás mucha suerte y puedes sacar dinero de juegos y obtenerlo gracias a viajes o a personas que viven lejos. Pero se te avecinan grandes gastos familiares: ahorra.

Amor. — Las cosas se te presentan bien en el terreno amoroso. Son muchas las personas que te quieren y parece que vives en un estado de felicidad que nada alterará. Domina tus pasiones.

El mejor día de la semana. — El domingo.

Salud. — Tu salud es buena y no se ven cambios en ese estado. El día 19 es el más peligroso, porque experimentarás el deseo de librarte de tus bajos instintos y tu salud podría desequilibrarse.

Dinero. — El 18 puedes ganar grandes sumas si estás en los negocios, porque persuadirás fácilmente a los demás de comprar cualquier cosa. Pero el 19, gastos excesivos.

Amor. — Lograrás la realización de un auténtico sueño. Una persona extraña, lejana y enigmática, se enamora de ti y ese amor te prestigia enormemente. Encuéntrate en estado de disponibilidad.

El mejor día de la semana. — El jueves.

Salud. — No tendrás problemas de salud esta semana. Aprovéchalo para adquirir mejores hábitos que los que tienes y que te han conducido a una pérdida de salud ya superada.

Dinero. — Debes asociarte con personas que quieres y con un familiar, porque ahora tu alianza con ellos dará grandes resultados. No hagas las cosas solo. Forma equipo y actúa conjuntamente.

Amor. — Parece que estás profundamente enamorado y eres correspondido por la parte contraria. El 21 podría ser una jornada de decisiones, pero el 19, posible infidelidad.

El mejor día de la semana. — El miércoles.

ARIES
21/3 – 20/4

GEMINIS
21/5 – 21/6

LEO
23/7 – 23/8

1 What seems to be wrong with your health?
2 Regarding money, what do the 18th and 19th represent for Mila?
3 Will her brother be lucky in love or not?
4 Whose lucky day is Thursday?
5 Who may win money at a game or receive it from abroad?
6 Who should work on their health habits?
7 Whose health will continue to be good?
8 Which of you should work together as a team to achieve the best financial gain?

P

a ¿Lees siempre los horóscopos de los periódicos y revistas?
b ¿Te parecen serios o te divierten?

B Las casas

E14

While on vacation in Majorca, you see details of two homes in a real estate agent's window. List the attractions of each.

E15

Your neighbors decide that they would like to buy a villa in Spain and ask you to look at the advertisements with them. They would like to:
1 have a swimming pool or at least access to one
2 have their own garage and garden
3 be reasonably near the ocean
4 have good security
5 enjoy good views
6 have at least five bedrooms and two bathrooms.

Which of the homes for sale (**A–H**) would be suitable for them?

A

CHALETS EN POZUELO

LLAVES, DICIEMBRE

14.950.000 TOTAL

FACILIDADES, 20 AÑOS
5 DORMITORIOS, 3 BAÑOS
2 ASEOS, PISCINA, ETC.

MISCASA 211 77 10

B

VIVIENDAS

3-4 dormitorios

exteriores, dos baños, garaje, trastero. Sólo quedan 2. Precios especiales hasta fin de mes.
Teléfonos:
233648 – 657536

C

VIANA ————

RESIDENCIAL "LA CAÑADA"

- Chalets con jardín y garaje propios
- Piscina en la urbanización
- Facilidades de pago
- Negociamos crédito
- Disponemos de maqueta

Telf. 554038 (incluso sábados y fiestas)

D

SAN ESTEBAN

Palautordera. Torre alto standing, 1.200 m² de jardín + 250 construidos, salón 50 m², chimenea, 7 habitaciones, 2 baños, cocina, garaje 2 coches, pozo con agua. 30.000.000. Tel. 505 41 44.

E

CABRILS

170 m² (100 construidos), 2 plantas, 4 habitaciones, 2 baños, terraza-jardín, piscina com., 2 parkings. 22.000.000. Tel. 505 81 64.

CHALÉS

F

Vendo chalet de lujo en Campello (Alicante) a 3 minutos del mar. 360 m² edificados, 2 plantas, 8 habitaciones, 2 baños, 2 aseos, salón de 80 m² con chimenea, 3.200 m² de parcela con arboleda centenaria. Pozo de agua propio en funcionamiento. Abstenerse intermediarios. Tel. 93/585 20 60.

G

VENDRELL

Calafell. Nueva promoción de 12 torres unifamiliares, a 3 minutos playa. Mínima entrada. Información: Tel. 505 86 38.

H

LLORET DE MAR

Torre de lujo. 1.000 m² (300 edificados), 2 garajes individuales, piscina privada, barbacoa, alarma, 5 habitaciones (1 suite con vestidor), 2 baños, 3 aseos, salón estar 40 m² + comedor 30 m², cocina completa, espléndidas vistas. Urbanización alto standing. 35.000.000. Tel. 505 31 43.

E16

Some foreign friends have visited Vigo and would like to buy property there, so they have brought back a local newspaper with them. One family would like an older home that has already been renovated; another wants a spacious home with good views of the town. Which numbers would they ask you to call?

2 Casas

CASA céntrica, bajo y 3 pisos. Todo vacío. González Besada. 421660.

VENDO chalet en La Guía. Maravillosas vistas ría y ciudad, soleado, independiente, en finca de 400 m², y compuesto por 3 plantas, más planta baja-garaje, magnífica terraza, etc. Facilidades, buen precio. Tlfno. 513881.

OPORTUNIDAD Vendo casa de dos plantas, medio construida. Con finca de 1.100 metros.
En Camos, a 4 km de Panjón. Particular. Llamar noches: 419171.

SANMARTIN (Agencia de los emigrantes). Con este anuncio ofertamos 200 casas o chalets. En Vigo o playas. Infórmese. Vigo. Colón 17. Nigrán (playas). 667205.

CASONA piedra, siglo XVIII, a 10 km de Santiago: 450 m², impecable, restaurada de lujo. Finca 10.000 m², cuidadísima: murada de piedra, toda regadío, casa caseros, cuadras, hórreo, etc. 29.000.000. Teléfono 981/ 693550.

PANJÓN vendo casa tipo paza, buena situación. Posada 444504.

Se vende casa tipo chalet en Villaza a estrenar, precio interesante. Teléfono: 399 356, tardes.

PARTICULAR vendo casas. Buenas vistas. Llamar de 8 a 18 horas. Teléfono 695590.

SE VENDE chalet nuevo amplio con finca, magníficas vistas en Pato Monteferro. 8.500.000. Teléfonos: 86091, 519709.

P

a ¿Te gustaría cambiar de casa? ¿Cuál eligirías: un piso o una casa? ¿Por qué?

b ¿Cuáles serían, en tu opinión, las ventajas de vivir en España?
Habla con tu pareja de clase sobre ese tema.

E17

Moving into a vacation home could be expensive! Which company would you contact if you had to:

1 fit a TV aerial
2 install security locks
3 install central heating
4 get the carpets cleaned
5 get a room decorated.

E18

Here is another place where you can obtain various household furnishings and articles.

El Gran Desván

Carretera de Inoa, km. 6'5, pasado Restaurante Mesón Tío Pepe, frente Son Bonet - Pont D'Inca - Marratxí - 60 10 61

EL PRIMER GRAN DESVAN DE MALLORCA
Compra, venta y cambio en artículos de segunda mano

GRAN SURTIDO DE
MUEBLES TERRAZA DE
MIMBRE Y DE HIERRO.

**CORTADORA
DE MADERA
ANTIGUA
PIEZA UNICA
EN
MALLORCA**

Todo tipo televisores,
blanco y negro ó color.
Radios nuevas y antiguas.

TRESILLOS-SOFAS-Y
MODULOS, ESTANTERIAS
DE MADERA NUEVAS.

MAQUINAS
EMPAQUETADORAS
★
ISLA
EXPOSITORA
2 mts.
★
ISLA
CONGELADORA
4 mts.
★
MAQUINA
HACER
CUBITOS
★
HORNOS
ELECTRICOS
★
EXPOSITORA
ACRISTALADA
★
LAVAVAJILLAS
BAR
★
PLANCHAS
ELECTRICAS
★
FREIDORAS
PATATAS
★
BOTELLEROS
★
MAQUINAS
TRAGAPERRAS

ALAMBIQUES DE COBRE.

SOFAS PARA PUB Y
DISCOTECAS DIFERENTES
FORMAS.

REJAS DE HIERRO NUEVAS
Y USADAS.

REJAS
ANTIGUAS
★
REJAS NUEVAS
POR ENCARGO
★
PUERTAS
DE ALUMINIO
★
PUERTAS
Y
PERSIANAS
★
BANCOS RUSTICOS
CON Y SIN
RESPALDO
★
MOBILIARIO
DE TERRAZA
★
BARRAS DE BAR
★
TABURETES DE
BAR
★
HORNAMENTOS
RUSTICOS
★
ARADAS
★
TRACTORES 18 HP
Y
21 HP
CON SUS APEROS

MAGNIFICOS MUEBLES DE
BAÑO CON LAVAMANOS
MARMOL EGIPCIO.

**DORMITORIOS
TODOS
LOS ESTILOS**

Alambriques y objetos de
gran tamaño para decora-
ción de exteriores

DIFERENTES CARROS DE
PASEO Y LABRANZA.

COMEDORES
★
DORMITORIOS
★
MODULOS
★
COLCHONES
★
SOMIERS
★
MATERIAL
SANITARIO
★
NUEVO Y
USADO

DORMITORIOS
JUVENILES
★
CUADROS
★
APLIQUES
★
CRISTALERIA
★
PLATOS
★
SILLITAS
DE
NIÑO
★
CAMITAS
ANDADORES
COCHECITOS

ESPERAMOS SU VISITA DE:
8 h. a 20 h. Sábados inclusive

1 List which of the following items are available in this store.

    a) Color TVs   *d*) Irons   *h*) Record players

    b) Refrigerators   *e*) Kitchen stoves   *i*) Glassware

    c) Carpets   *f*) Tables   *j*) Plates

                        g) Curtains

2 Does the store deal in second-hand items?

The following two articles are about unique homes.

The first concerns the house of the singer Julio Iglesias.

La nueva super-casa de Julio Iglesias en Los Angeles

Vista de la fachada principal de la casa. De momento Julio tiene alquilada esta mansión, pero está pensando en comprarla.

El cantante nos permitió entrar en su nueva residencia de Estados Unidos, donde lleva viviendo algo más de tres meses. Situada en el barrio más elegante de la ciudad, Beverly Hills, y rodeada de un espléndido jardín con piscina y tenis, la casa goza de todas las comodidades imaginables. Su decoración está basada en la madera, los muebles de paja y en una enorme abundancia de plantas que adornan todos los rincones.

La casa desde otro ángulo. En el jardín hay gran abundancia de árboles, sobre todo pinos, plantas exóticas y flores de toda clase.

LOS ANGELES. Alvaro Rodríguez

JULIO Iglesias lleva algo más de tres meses viviendo en la bella ciudad de Los Angeles, donde tiene alquilada una preciosa mansión situada en Bel Air, la zona más exclusiva y residencial de Hollywood: Beverly Hills.

Es difícil para un hombre como Julio, para un artista, sentirse bien en casa. Los continuos viajes, el ajetreo, las largas giras, las fiestas, las grabaciones, influyen en que el tiempo de permanencia en un mismo lugar sea corto, por lo que resulta difícil llegar a sentirse cómodo en el hogar. Por ello Julio Iglesias ha puesto un especial interés en que su «santuario» de Los Angeles reúna una serie de condiciones muy especiales.

La casa de Julio está situada en el número 1.100 de Bel Air, en lo alto de una colina desde la cual se domina una vista panorámica de Beverly Hills. Se accede a ella por un camino bordeado de flores y plantas, algunas de ellas exóticas, dado el maravilloso clima de la ciudad.

Una magnífica piscina, rodeada de una amplia zona ajardinada, son el marco ideal para que Julio tome una hora diaria de sol. En la terraza podemos ver un bonito mobiliario en el que predomina el color azul y la comodidad por encima de cualquier otra regla de decoración.

El interior de la mansión es señorial, pero proporciona una sensación de confort, difícil de conseguir en una casa tan lujosa. Las habitaciones privadas del cantante son enormemente amplias. Predominan también en ellas los tonos azules y los muebles de paja de inspiración indonesia.

Numerosas terrazas dan al jardín y la abundancia de madera proporciona a la casa un ambiente de casa de campo maravilloso. También hay una pista de tenis, situada en la parte de abajo del jardín.

Los Angeles se ha convertido en el «cuartel general» de Julio. En esta casa, nuestro cantante descansa, pasa todo el tiempo que puede, y piensa en su futuro, en ese futuro inmediato que tiene como objetivo llegar a ser el número uno de América.

Fotos: Nova Press

1 How long has Julio Iglesias been living in his new house?
2 Where is its exact location?
3 What sports facilities does the house have?
4 Name four attractive features about the house.
5 What are the problems of being a famous singer and what is Julio Iglesias' next ambition?

P

¿Si tuvieras muchísimo dinero, cómo sería la casa de tus sueños?
Compárala con la de tu pareja de clase.

Será el hogar del futuro

Xanadú, una casa con cerebro

Sí, el cerebro de esta casa puede cerrar puertas, encender las luces, idear un menú o hacerte una masaje sin que tengas que mover ni un músculo. Es la casa del futuro que ya se ha construido en el presente, llena de comodidades, pensada para una vida mejor. Porque los avances tecnológicos no sólo sirven para construir cohetes espaciales, sino para conseguir una mañana mejor, a partir de ahora mismo.

EMPIEZA el día y mientras la mayoría de habitantes del Planeta continúa durmiendo, una maravillosa construcción de nuestra época, una casa con cerebro construida en el Estado norteamericano de Florida, se prepara para empezar una dura jornada de trabajo. El sistema de tuberías es correcto y la presión del agua la adecuada. La temperatura es perfecta y todas las ventanas — y puertas están cerradas mediante accionismos de seguridad. Y es que esta casa llamada Xanadú, dispone de un control de memoria, de un cerebro programado para convertirse en el mejor amigo del hombre.

Su creador, el arquitecto Roy Mason, es un hombre que sólo piensa en el futuro; tanto es así que es el editor de una revista llamada «El futurista». Pero sus ideas no sólo son sueños, ya que él acaba de construir la casa más inteligente del mundo, con las ideas más avanzadas y la tecnología más completa, todo por 200.000 dólares (unos 30 millones de pesetas), aunque Mason predice que a finales de siglo podrá comprarse cuatro veces más barata, por unos 50.000 dólares.

El dormitorio principal de Xanadú consta de una cama circular, situada junto a una pantalla gigante que ocupa toda la pared. Desde el lecho se puede controlar el resto de la casa, o la misma temperatura de la cama si se tiene frío o calor, y todo ello sin necesidad de que la calefacción funcione en el resto del edificio, para ahorrar energía. En las habitaciones de los niños hay pequeñas pantallas o minicomputadores muy útiles para que el pequeño pueda grabar las lecciones que más le interesen, o practique divertidos juegos electrónicos. La cama de los chicos se mete dentro de la pared apretando un botón, y la habitación queda durante el día como una sala de juegos.

Este maravilloso edificio parece sacado de un cuento de hadas, pero se trata de Xanadú, la casa del futuro construida por el arquitecto norteamericano Roy Mason. Todas las habitaciones del edificio están regidas por pequeños cerebros que ayudan a vivir mejor a los humanos.

Vivir en otra época

Pero es en la cocina, sobre todo, donde Xanadú parece que estés viviendo en otra época. Un dietario electrónico puede elaborar menús con platos bajos en calorías y hacer una lista diaria de los productos que se han de comprar. La comida, por supuesto, la cocinará un robot que también es capaz de limpiar el polvo y sacar a pasear al perro.

El creador de Xanadú, Mason, es un hombre que cree en un futuro mejor, con más tiempo para el ocio y para disfrutarlo en el propio hogar.

Cómodamente, puedes disfrutar de una suculenta comida japonesa o de un delicioso plato de pasta italiana; tan sólo necesitas programarlo en la pantalla-pared del comedor.

¿Y la sala de estar? No tiene una chimenea muy grande, pero dispone de un equipo electrónico con pantalla de televisión y video incluido, además de un archivo para discos y juegos. El sofá tiene una especie de sensores que seleccionan diferentes posiciones para estar cómodamente leyendo un libro o tumbarse para dormir una pequeña siesta.

El baño, apretando un pequeño dispositivo, puede convertirse en una sauna mediante calor seco y también dispone de una serie de aparatos que practican masajes sin que se tenga que mover ni un músculo.

Todas las habitaciones de Xanadú están computerizadas para que los miembros de una familia puedan desenvolverse solos cuando así lo deseen. De esta forma se evitan muchos de los conflictos que suelen darse entre padres e hijos, y se solventan los diferentes horarios que existen en una misma casa.

El creador de esta maravilla de la electrónica, Mason, cree que, en el futuro, la gente estará más tiempo en casa que en el trabajo. Y que los documentos podrán ser transferidos al trabajo desde el hogar, a través de las computadoras, o por video satélite. La casa será, pues, algo mucho más importante que un hotel de lunes a viernes; por eso, Xanadú es la casa que todo el mundo puede tener en el futuro, con toda clase de comodidades. Sólo falta que «Robutler», un robot casero, sea capaz de servir bebidas o de lavar los calcetines de los niños y luego colocarlos en su sitio. Porque lo ideal es vivir en una casa que sea algo así como un amigo con el que poder hablar.

Para Mason, Xanadú no es una fantasía, sino una forma de vida que puede implantarse para finales de esta década.

Texto: **M. E.**

Fotos: **Radial Press**

---

1 Does the house of Xanadu already exist or is it mere fiction?

2 Where is the thermostat for central heating?

3 Name two special features in:
   a) the children's bedrooms
   b) the living room.

4 How does Roy Mason justify his design?

Your penpal's cousin, who lives in the north of Spain, has been staying with you in Toledo for a short vacation. He wants to take back some plants or seeds as a souvenir. You all read this article for some advice.

1 What is the first suggestion given for a "living souvenir"?

2 What other alternative is given?

3 What advantages does this have?

4 How should you choose, wrap, and carry seeds?

5 If you opt for plants, what instructions should you be sure to follow:

    a) for choosing them

    b) for transporting them

    c) for planting them

    d) for taking care of them?

P

¿Te gustan las plantas? ¿Encuentras fácil cuidarlas o a veces olvidas regarlas?

PLANTAS

Un recuerdo vivo de las vacaciones

En verano aprovecha para coger plantas nuevas.

Una buena manera de recordar unas fantásticas vacaciones es traerte una planta que, convenientemente trasladada y cuidada, te evocará momentos dichosos. Pero ten mucho cuidado de elegir plantas que tengan asegurada su reproducción al ser muy abundantes. Recuerda que hay especies protegidas por ley y que no se trata de arrasar un patrimonio natural que nos pertenece a todos.

Optar por traerte semillas es la mejor solución. Son fáciles de transportar y tienen la ventaja de la duración. Debes elegir una planta con la flor ya marchita, en cuyo interior encontrarás una especie de bolsa donde están las semillas. Sólo debes cogerlas si están maduras, secas y oscuras. Envuélvelas en papel de aluminio y en el viaje llévalas en un lugar seco y oscuro.

En esta época sólo debes coger esquejes de plantas perennes; con los de hoja caduca no conseguirás nada. Los esquejes tienen que tener el tamaño de una palma de la mano. Se cortan por debajo de los nudos y al bies. Lo mejor es cortarlos poco antes de la partida. Envuelve la parte del tallo que no tenga hojas en un paño húmedo, cúbrelo con un plástico y mételo en una caja. Evita

Los crisantemos son muy aptos para transportar.

Hay muchas variedades de crisantemos. Elige el que más te guste.

que tengan exceso de calor y corrientes de aire. Procura llevarte también un poco de tierra de la zona para que noten menos la diferencia. Recuerda que la planta que en zona húmeda es de exterior, en zona seca suele ser de interior.

Si optas por plantas, cógelas pequeñas y saca todas las raíces. Puedes transportarlas

en macetas o envolver el cepellón en turba y luego en plástico. Durante el viaje evita la desecación y riégala cuando sea necesario. Trasplántala con algo de tierra de la zona. Durante unas semanas evita que le dé el sol y las corrientes. Es probable que pierda algunas hojas, pero no la cambies de sitio para evitarlo.

C Los animales domésticos

E22

How should you proceed when entering a
house with one of these signs outside?

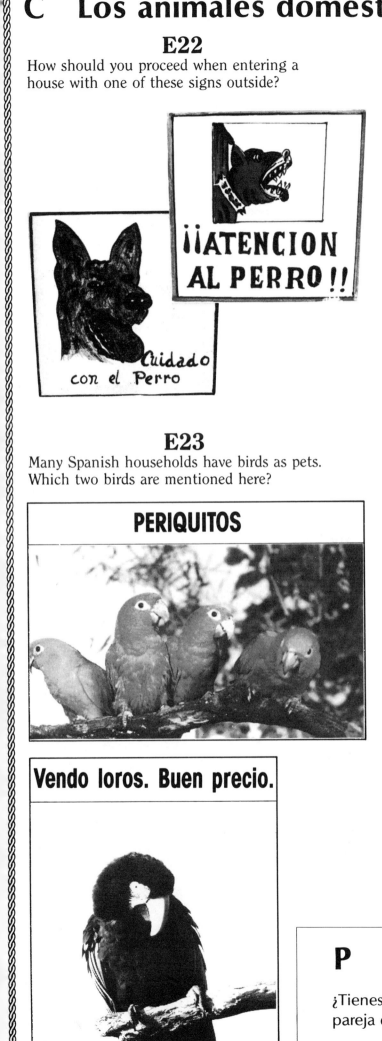

¡¡ATENCION AL PERRO!!

Cuidado con el Perro

E23

Many Spanish households have birds as pets.
Which two birds are mentioned here?

PERIQUITOS

Vendo loros. Buen precio.

E24

You have a pet at home and your Spanish
friend has persuaded her parents to let her have
one. You both consult the classified ads in
Primeramà to get some ideas.

1 Why would the two-month-old kittens be a
   good idea for someone without much
   money? But what must you be able to
   prove?

2 Which telephone number would be useful if
   you had already bought a rabbit?

3 A dog that could be a pet and also protect
   your house might be a good idea. Which
   number would you call and how could you
   be sure that the dog would be a good buy?

4 Apart from the pets that are being given
   away, which would be the cheapest?

MUNDO ANIMAL
OFERTAS

VENDO cachorros de Snauzer gigante, negro. 25.000 ptas. Tel.660 21 60.

HAMSTERS a 75.-ptas. varios colores. Tel.334 74 66.

MASTINES de león, guarda defensa, cachorros. Gran pedigrée. Tel.751 74 57.

VENDO Mastines de león y dos hembras. Tel.340 02 78.

PARTICULAR vende 2 perritos Yorkshire Terrier, ideal para compañia o criar. Buen precio. Tel.437 47 69.

VENDO gatos persas muy baratos, buen pedigrée. Padres extranjeros a la vista. Tel.699 22 22.

PERRITA extraviada por la zona de Lesseps. Estatura mediana de color gris oscuro. Orejas de punta y morrito largo y estrecho, entiende por el nombre de Estrella. Tel.310 69 31.

VENDO 5 gatos siameses, 3 machos y dos hembras de 4 meses a 2.000 ptas. Tel.692 47 95.

REGALO gatitos de dos meses a personas que los quieran cuidar, son preciosos. Tel.346 29 18.

GRANJA cunicola en Cerdanyola da abonos. Tel.200 13 13.

VENDO 27 jaulas de conejos en buen estado. Buen precio. Tel.560 35 15.

MARAVILLOSA camada cocker Spaniel inglés color dorado padres a la vista machos y hembras 25.000.

P

¿Tienes un animal en casa? Descríbelo para que tu
pareja de clase pueda dibujarlo.

E25

Because people sometimes give animals away to good homes, you and your friend decide to advertise. Take a look at what some other people have written to plan your own ad.

1 What kind of cat basket does the first advertiser want?
2 What type of deal are the second and last advertisers seeking? What kind of pet are they hoping to own?
3 Which number would you call if you had a spare fish tank?

DEMANDAS

ME URGE comprar cesta para gato que se cierre. Tel. 325 72 69.

ME gustaría que me regalaran canario (si es posible holandés). Tel. 417 12 60.

COMPRO acuario 200 l. barato. Tel. 211 40 28.

BUSCO trabajo relacionado con los caballos. Tardes. Tel. 217 19 70.

DESEARIA me regalaran un periquito. Tel. 377 48 51.

P

Con tu pareja de clase, decidid qué animal queréis y escribid un anuncio.

LA MODA CANINA INVADE LAS PLAYAS DEL REINO UNIDO

Stephanie Hike, diseñadora británica de moda canina, espera que su última creación, las camisetas veraniegas para perros, inunden este año las playas elegantes del Reino Unido y Europa.

Hike, que tiene su taller en la ciudad británica de Brighton, afirma que está recibiendo una auténtica avalancha de pedidos para sus camisetas caninas, que se fabrican en dos modelos: una «estilo abeja», en rayas amarillas y negras, y otro marinero, en rayas azules y blancas.

La diseñadora afirma que para sus creaciones se inspiró en un perro así que vio en una playa de Ciudad del Cabo. Las camisetas caninas se fabrican en tallas que van desde la valedera para un pequeño chihuahua hasta la de un gran setter y están confeccionadas en tela elástica de algodón.

E26

Your Spanish friends know that you are a dog lover so they send you this article. Is it serious?

1 Which season is the "dog fashion" designed for?
2 Has the designer had much response to this idea?
3 Which two styles and colors are available?
4 Where did the designer get her idea?

P

¿Qué te parece 'la moda canina'? ¿Te parece razonable, divertida, ridícula. . . ?

Chapter 2
La vida en el colegio

Al acabar las vacaciones en España, te das cuenta de que tú y tu amigo(-a) español(-a) tenéis que volver al colegio. Naturalmente empiezas a descubrir diferencias entre los dos sistemas escolares. . .

A Documentos escolares

E1

Here is a student's identity card. Which of the following pieces of information does it contain?

INSTITUTO DE BACHILLERATO
"Juan Sebastian de Elcano"
CARTAGENA

Apellidos: Díaz y Díaz-Careya
Nombre: Marina
Nacido en: Madrid
Día 23 de - 4 - de 19 78.
Domicilio: Sta Florentina 23
Año académico de 199.. a 199...... CURSO 1 Grupo ......
Vº Bº El Director, El Secretario,

Information	Yes	No
Date of birth		
Name of the school		
Home telephone no.		
Home address		
School telephone no.		
Principal's signature		
Student's signature		
Place of birth		
Parents' names		
Non-transferable		
Student's first name		

ENSEÑANZA	Nº DE MATRICULA
OFICIAL	

Firma del alumno,

Documento personal e intransferible: Válido para la visita a ,monumentos nacionales, museos, bibliotecas, casas de la cultura y toda clase de centros artísticos y culturales dependientes del M.E.C. o subvencionados por el mismo (O.M. 27-1-56 y disposiciones vigentes).

It is also valid for certain activities. Which ones?

Activities	Yes	No
Visits to museums		
Swimming		
Fine Arts Center		
Library membership		
Access to sports center		

E2

Here is a list of subjects that your Spanish friend's brother studies.

Ciencias Naturales	Latín
Matemáticas	Inglés
Lengua Española	Música
Ciencias Sociales	Dibujo y Pintura

Compare his subjects with the list below. Which does he study?

	Yes	No
Music		
French		
Social Studies		
Religious Education		
Mathematics		
English		
Literature		
Science		

P

¿Te parece útil tener un documento escolar parecido? ¿Para qué puede servir?

E3

Your friend's sister shows you her old school report.

REGISTRO ACUMULATIVO   BACHILLER

COLEGIO "NTRA. SRA. DE LA CONSOLACION"

Alumna *RUEDA DE LA PUERTA, Mª CARMEN*

Fecha de nacimiento *9-4-76*   Lugar *Madrid*

Domicilio *Avda Alfonso XIII nº 151*

Nombre del padre *Guillermo*   Profesión *Funcionario*

Nombre de la madre *Mª Carmen*   Profesión *SL*

N.º total de hermanos *3* Varones *2* Hembras *1* Lugar que ocupa *2º*

Fecha de ingreso en el Colegio *Septiembre 1989*

Procedencia *Colegio Ntra Sra de la Merced*

Fecha de baja en el Colegio

PRIMER CURSO Año 19 89 -19 90	1.ª Evaluac. 3-11-89			2.ª Evaluac 16-12-89			3.ª Evaluac. 17-2-89			4.º Evaluac. 21-4-90			5.º Evaluac. 2-6-90			Junio 29-6-90	Septbre.
	Con.	Ac	A G.	Con	Ac.	A G	Con	Ac.	A G	Con	Ac.	A G.	Con.	Ac.	A.G.		
Lengua Española	I	C	I	B	B	B	B	C	B	Su	C	Su	Su	C	Su	Bien	
Lengua Extranjera	So	C	So	So	C	So	So	B	So	So	B	So	So	B	So	Sobresaliente	
Dibujo	N	B	N	So	C	So	So	B	So	So	B	So	B	B	B	Sobresaliente	
Música y A. Art.	B	C	B	B	C	B	So	B	So	So	A	So	N	B	N	Notable	
Historia de las Civ.	Su	B	Su	B	C	B	B	C	B	Su	C	Su	Su	C	Su	Suficiente	
Formación Religiosa	B	C	B	N	C	N	N	C	N	N	B	N	N	B	N	Notable	
Matemáticas	So	B	So	So	B	So	N	B	N	N	B	N	N	B	N	Notable	
Ciencias Naturales	B	C	B	I	C	I	I	C	I	B	B	B	Su	C	Su	Suficiente	
Ed. Física y Deportes	N	C	N	So	B	So	So	B	So	So	B	So	So	B	So	Sobresaliente	

NOTABLE

1 Where was María del Carmen born?
2 How old was she when she entered the school?
3 Which were her best subjects by the end of her first school year?

E4

Here is María del Carmen's school report for the following year.

SEGUNDO CURSO Año 19 90 19 91	1.ª Evaluac. 27-X-90			2.ª Evaluac 15-XII-90			3.ª Evaluac 16-II-91			4.ª Evaluac 18-IV-91			5.ª Evaluac. 25-III-91			Junio 25-VI-91	Septbre
	Con	Ac.	A.G.	Con	Ac.	A G	Con	Ac.	A G.	Con	Ac	A G	Con.	Ac.	A. G.		
Lengua Española	Su	C	Su	B	C	B	N	C	N	Su	C	Su	B	C	B	Bien	
Latín	N	B	N	B	B	B	I	C	I	B	C	B	B	B	B	Bien	
Lengua Extranjera	N	C	N	S	C	S	S	D	N	S	C	S	S	C	S	Sobresaliente	
Geografía	N	C	N	B	C	B	B	C	B	N	C	N	N	C	N	Notable	
Formación Religiosa	N	B	N	N	C	N	N	C	N	N	C	N	B	C	B	Notable	
Matemáticas	B	C	B	N	C	N	B	C	B	B	C	B	S	C	S	Notable	
Física y Química	N	C	N	Su	B	B	I	B	N	Su	I	C	Su	C	Su	Suficiente	
Ed. Física y Deportes	S	B	S	S	B	S	S	B	S	S	B	S	S	B	S	Sobresaliente	
E. A. T. P.	B	B	B	N	B	N	N	B	N	N	B	N	N	A	N	Sobresaliente	

C. G: NOTABLE

1 What additional subjects did she take?
2 Which subjects did she drop?

B De vuelta al colegio

E5

What does María Carmen's good school report entitle her to at this store?

E6

Your penpal's parents are getting things ready for the new school year. You notice that the students have to supply their own books. How do the parents go about buying them?

1 What are the advantages of this system and why are they ordering so early?
2 Which four details about the books must the parents write down?
3 When must they pay for the books?
4 Give two ways they can pay.

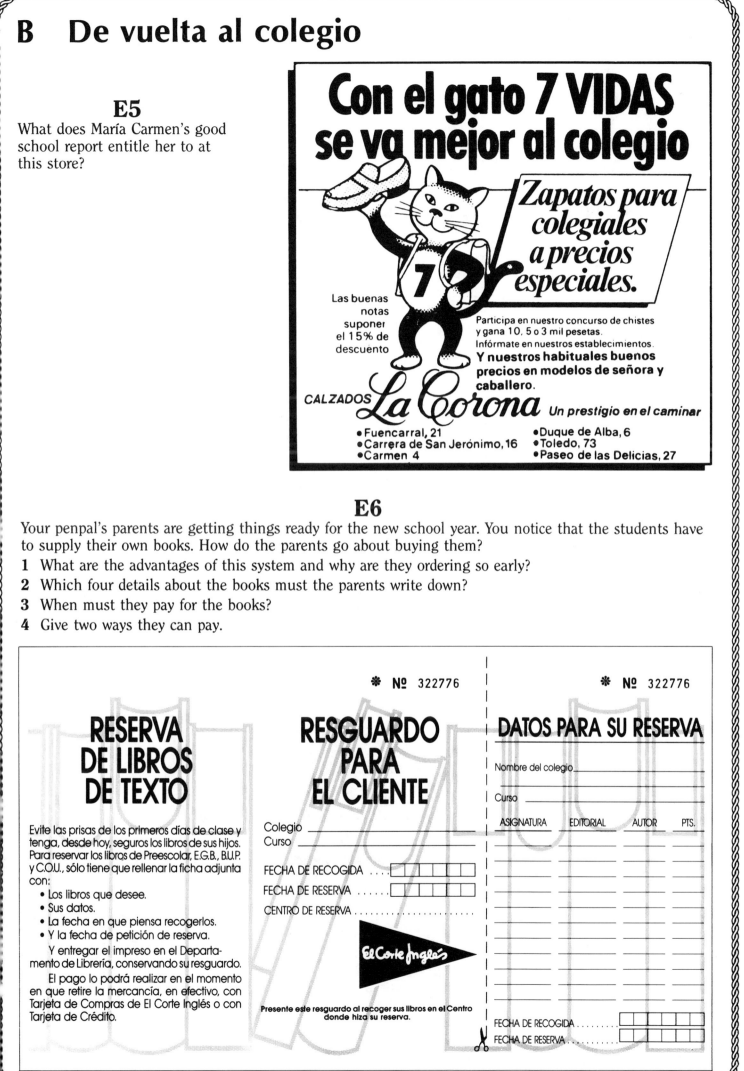

E7

In Spain, there are private and public schools and you can often see advertisements for these in papers and on buildings.
Here is a selection. Which institution (or institutions) **A, B, C, D** or **E:**

1 offers driving lessons
2 takes children only up to the age of 6
3 boasts sports facilities
4 specializes in business
5 accepts boarders
6 has classes in Spanish and Catalan?

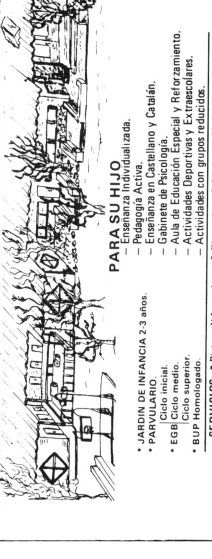

COLEGIO ELISABETH · SALOU

PARA SU HIJO
– Enseñanza Individualizada.
– Pedagogía Activa.
– Enseñanza en Castellano y Catalán.
– Gabinete de Psicología.
– Aula de Educación Especial y Reforzamiento.
– Actividades Deportivas y Extraescolares.
– Actividades con grupos reducidos.

* JARDIN DE INFANCIA 2-3 años.
* PARVULARIO.
    Ciclo inicial.
* EGB | Ciclo medio.
    Ciclo superior.
* BUP Homologado.

SERVICIOS: * Pista polideportiva.— * Gimnasio.— * Comedor. Media Pensión.
Transporte: Línea A: Hospitalet - Cambrils - Vilafortuny - SALOU Línea B: Tarragona - Vilaseca - SALOU.
INFORMACION E INSCRIPCIONES: en el mismo Centro, de lunes a viernes, de 9 a 13 y de 15 a 16 h.
Teléfono: 38 21 23 -- Autovía Vilaseca - SALOU (a 200 mts. Plaza Europa)

C

D

E

SEGUNDO HOGAR PARA SUS HIJOS
• **Edad de 0 a 6 años.**
• **Abierto: 7 a 21 h.**
• **Maternal - Preescolar - Jardín**
• **Plazas limitadas**
• **Permanencias regulares y por horas**
• **Comedor con control dietético**
• **Personal titulado**
    Avda. Joan Miró, 116 (El Terreno) Tel. 28-98-56
    PALMA

A

ACADEMIA FORTEZA
COMERCIO OFICIAL Y PRÁCTICO 3er PISO

B

UN COL.LEGI NOU

UN COLEGIO NUEVO

25 ALUMNOS POR CLASE

IDIOMAS - INFORMATICA - DEPORTES - GRANJA EXPERIMENTAL

PEDAGOGIA VIVA

JARDIN DE INFANCIA - PARVULARIO
RESIDENCIA FEMENINA Y MASCULINA
E.G.B. - B.U.P. - C.O.U. - **F.P. Administrativo - Informática**
PROXIMO CURSO: Información: Ctra. Cala Figuera, 30-A - Tel. 683856

SCAL - MAGALUF
MALLORCA - CALVIA - TEL. 68 38 56

ELEGIR EL MEJOR COLEGIO

La elección del colegio de tus hijos es una decisión importante. Los niños van a pasar allí la mayor parte del día y es necesario que se sientan a gusto para que disfruten aprendiendo. Los padres tienen la responsabilidad de informarse y seleccionar de forma adecuada el lugar donde recibirán una parte, muy importante, de su educación.

Lo mejor es seleccionar varios colegios e ir personalmente a visitarlos. Habla con el director y algunos profesores. Ellos podrán explicarte el tipo de modelo didáctico que aplican, cómo organizan las clases y las horas de recreo, qué reglas se siguen y cómo se ocupan del seguimiento de los niños.

Las instalaciones deben estar pensadas para niños. Estos necesitan sitio para moverse y poder jugar. Escoge un colegio con amplias zonas de recreo tanto interiores como exteriores. Tienen que estar cuidadas y ser seguras. Las aulas deben ser amplias y con mucha luz, con muebles que se puedan mover, para que el profesor pueda organizar juegos o actividades en un espacio amplio. Habrá clases en las que se agruparán en equipos o algún día pueden decidir organizar un juego sentados en el suelo. Esto no se puede hacer en las tradicionales aulas con los bancos en hileras clavados en el suelo. Un factor fundamental a tener en cuenta es el número de alumnos por clase. No te fijes en el total de alumnos del colegio, sino en cuántos le corresponden a cada profesor. Cuanto más masificada está una clase menos atención se puede prestar a cada niño. No debe sobrepasarse la cifra de 35 alumnos por profesor.

La educación, hoy, se basa en muchos casos en la realización de trabajos específicos sobre un tema, y cuando los niños son pequeños, en juegos y manualidades. Fíjate en el material con el que cuenta el colegio. ¿Tiene una buena biblioteca? ¿Ves juegos de material didáctico en las clases? ¿Se incluye en el programa de clase la informática, los idiomas, etcétera? Todas estas preguntas debes tenerlas en cuenta.

Si tu hijo va a quedarse a comer en el colegio te interesa saber las características de los menús. Comprueba también la limpieza de los comedores y las cocinas.

Lo importante es que te lleves una buena impresión del centro, que veas a los alumnos contentos y que sepas que vas a poder participar en la educación de tus hijos con sugerencias y reuniones con el director del centro, los profesores y otros padres de alumnos.

OPINION DEL EXPERTO
Cómo elegir el colegio de tus hijos

Elegir colegio para los hijos es un problema que muchos padres se plantean todos los años. Con la entrada en vigor de la LODE, han quedado establecidas las normas básicas para regular la admisión de alumnos en los colegios públicos y privados con subvenciones estatales.

El asesor ejecutivo del Ministerio de Educación y Ciencia Lázaro González, nos informa de las pautas que se siguen a la hora de admitir alumnos.

¿Cuál es el trámite para solicitar plaza en un colegio?

Todos los centros escolares que reciben fondos públicos cuentan con un consejo escolar que tiene unos criterios de admisión homologados. Si sobran plazas en un colegio, no hay problema; se acepta a quien lo solicite sin más. En caso contrario, se da prioridad al niño que vive más próximo a ese colegio, al que tenga más dificultades económicas y al que tenga hermanos en el mismo centro. Por ejemplo, entre dos niños que viven en el mismo barrio y que solicitan plaza en el mismo colegio, se acepta al menos favorecido económicamente. También se tienen en cuenta circunstancias como que el padre esté en el paro o que haya minusválidos en la familia, por citar algunos casos.

Los padres deben presentar en el colegio objeto de sus preferencias una solicitud de plaza, señalando también los dos colegios siguientes que más les agradarían para su hijo. Los no admitidos por las razones de prioridad que hemos señalado anteriormente, optan por el segundo colegio solicitado, y en último extremo por el tercero.

¿Qué sucede en el caso de que no consigan plaza en ninguno de los colegios?

Ningún niño se puede quedar sin colegio; por ello, la Dirección Provincial del Ministerio de Educación a que corresponde la zona donde vive el alumno debe resolver el problema, incluso estableciendo dobles turnos en los colegios de modo provisional.

Here are two articles on schools. The first deals with what to look for in a school; the second outlines your rights of choice.

E8

1 How should we find out about the atmosphere in a school?
2 What information should be obtained?
3 What are the characteristics of the equipment, design, and general facilities of a good school?
4 Which is more important to consider: class size or school size?

E9

1 How do the most popular schools give priority in accepting students?
2 How many schools should the parents seriously consider?

P

a ¿Qué opinas de tu colegio?
b ¿Cómo elegiste tú (o eligieron tus padres) el colegio donde estás actualmente?

E10

Choosing a school is fine if there are enough openings! This article gives the views of the Spanish Department of Education and Science (MEC) for the Balearic Islands.

El MEC asegura que ningún estudiante de Baleares se quedará sin plaza escolar

Hoy comienza el definitivo período de inscripción en los distintos centros estatales

El Ministerio de Educación y Ciencia asegura que todos los estudiantes de Baleares tendrán una plaza escolar durante el curso 90-91. Hoy se ha abierto el último período de inscripción en los distintos centros estatales de la comunidad autónoma, cuando sólo faltan 15 días para que den comienzo las clases. En cuanto a BUP, que comenzará el 3 de octubre, el MEC teme que se produzca un cierto descontrol por la duplicidad de solicitudes.

Juan Mestre

Los estudiantes de Baleares que no dispongan de una plaza podrán inscribirse, desde hoy hasta el 6 de septiembre, en los mismos centros estatales de cara al curso, que, en EGB, dará comienzo el próximo 15 de septiembre. El MEC asegura que ningún alumno de las Islas se quedará sin plaza durante el próximo año académico, pero que pueden existir complicaciones para los alumnos de BUP. «También se producirán algunos problemas en Preescolar para niños de 4 años, aunque esta fase todavía no está incluida en la escolarización obligatoria», explicaron en el área de escolarización.

Sólo en Palma, según Pere Carrió, jefe de Escolarización, los estudiantes deben pugnar por una plaza en el instituto o colegio que hayan elegido previamente. «En los pueblos existe una relación entre la oferta y la demanda, pero en Palma, al existir numerosos centros, los estudiantes intentan acudir al mejor».

Los portavoces del MEC también reconocieron que el aumento de plazas escolares había sido mínimo para el curso 90-91. Mientras que en EGB sólo se han creado 300 plazas para la transformación experimentada en el colegio público de Son Gotleu, los centros de enseñanzas medias no han variado su capaci-

dad con respecto al pasado curso. «Este año hay 250 alumnos de EGB menos que quieran pasar a BUP, con respecto al pasado año», aseguró Pere Carrió, jefe de Escolarización. No obstante, los institutos Joan Alcover y Ramón Llull no disponen de una sola plaza desde hace varios meses. «Existe una gran demanda para estos dos centros y, además, la mayoría de estudiantes pretende tener el horario escolar dividido. Está claro que no todos tendrán esta posibilidad», añadió.

Según el área de Escolarización del Ministerio del Educación, durante el pasado curso un total de 100 estudiantes de Enseñanzas Medias tuvo problemas para conseguir una plaza escolar. Al final, la Delegación Provincial y la propia iniciativa de los solicitantes al recurrir a centros privados propiciaron que todos los estudiantes tuvieran cabida en el curso 89-90. Por otra parte, más de un 50 % de los alumnos de BUP y COU de Palma elige, pese a todo, los centros privados para realizar sus estudios. «Como último extremo, los alumnos pueden recurrir a la Enseñanza a Distancia, ya que Baleares cuenta con un centro que funciona perfectamente», indicó Pere Carrió.

Formación Profesional

Formación Profesional,

además de convertirse en la alternativa para los que quieran continuar en Enseñanzas Medias sin estudiar BUP, se ha convertido en el salvavidas del Ministerio de Educación y Ciencia para recolocar a aquellos estudiantes que no han podido satisfacer sus inquietudes sobre la elección de un determinado centro. En estos momentos, sólo la especiali-

dad de Administrativo presenta problemas al MEC. «Existen plazas, pero se da el mismo caso que en los institutos: los alumnos quieren un centro, una especialidad y una rama concreta».

COU y los repetidores

En COU, los alumnos

son exigentes a la hora de elegir un centro estatal, según Pere Carrió. Además, el curso previo a la Universidad ofrece más dificultades a los responsables de Enseñanza por culpa del gran número de estudiantes que deben repetir el curso escolar. «Hasta la fecha en que se facilitan los resultados de septiembre, un estudiante tiene la posibi-

● *Plazas para todos.—* La Delegación Provincial del MEC dice que este año habrá plazas para todos los estudiantes de Baleares.

La duplicidad de solicitudes en BUP puede provocar el descontrol pocos días antes del inicio de las clases

lidad de acceder a un centro determinado para cursar COU», dijo.

Más profesores para las mismas plazas

Baleares, a pesar de disponer para el curso 90-91 las mismas plazas que el pasado año académico, se verá reforzada con 150 profesores más, la mayoría interinos. El MEC, además, deberá esperar la reacción del resto del profesorado que tuvo la oportunidad de participar en las huelgas del curso 89-90. «Han quedado temas pendientes y el 80 % del profesorado ha recurrido los descuentos aplicados por la Delegación Provincial», explicaba un representante sindical. Sin embargo, Andreu Crespí, está convencido de que el curso 90-91 será «tranquilo».

Censo escolar de Baleares

	(Col. público)	(Col. privado)
Preescolar	8.370	11.587
E.G.B.	53.964	43.359
B.U.P.	10.806	6.201
C.O.U.	2.358	1.359
F.P.	8.495	2.866
Educación Especial	939	756
Total		131.695 alumnos.

List which of the following statements are true according to the article and table of facts.

1 There are more children under six in private schools than in public schools.

2 There are more children of mandatory school age in public schools.

3 There are not enough openings for students of EGB wishing to attend school.

4 The schools of Joan Alcover and Ramónlul still have openings.

5 More teachers are being recruited for the academic year 1990–91.

C Clases complementarias

Here is a list of private tutors offering their services. Which telephone number would your Spanish friend call if he/she wanted:

1 to learn English with a native speaker

2 an introduction to computers

3 classes with a qualified teacher of Latin

4 a course in typing that guaranteed results

5 guitar lessons?

BOLSA DE LA ENSEÑANZA

21 ACADEMIAS

INFORMATICA, clases individualizadas, ordenador por alumno, comienzo diario. Ensenanza Audiovisual, S.A. Velázquez, 37. 2767538.

MECANOGRAFIA, taquigrafía, secretario, cursos de 14-30-60 días. Comienzo diario. Velocidad garantizada. Enseñanza Audiovisual, S.A. Velázquez, 37. 2767538.

22 BACHILLERATO

MATEMATICAS, Universidad, COU, BUP. 7052124.

LATIN, griego. 4479864.

MATEMATICAS, Empresariales. 2592129.

MATEMATICAS, Física, ingeniero, Arturo Soria. 7592102.

LICENCIADO latín, griego. 4682848.

23 IDIOMAS

LISTEN & LEARN: inglés, francés, español, recuperaciones, inglés infantil. Narváez, 15. 2762528.
INGLES nativo. 2709404.
INGLES, experiencia. 4691085.

24 VARIOS

GUITARRA, piano, solfeo. 4010798.

P

¿Disfrutas de algunas clases particulares, por ejemplo, de baile, instrumento musical, deporte...?

E12

You know how important it is to be able to speak another language. After all, you are learning Spanish! Here are some classified ads to which your Spanish friends might reply for lessons in a foreign language. Which telephone numbers would they call if they wanted:

1 to learn French for business purposes and a chance to stay with a French family

2 to learn German in a small group

3 to practice conversational Arabic?

P

a ¿Estudias otro idioma además del español; por ejemplo, francés, alemán...?

b ¿Cuáles son las asignaturas que estudias en este momento? ¿Cuáles prefieres? ¿Por qué?

c ¿Sueles recibir malas o buenas notas? ¿Qué haces para mejorar tus notas?

ENSEÑANZA

IDIOMAS

EMPRESAS
Idiomas para empresas. Inglés, francés, alemán, español. CEE Idiomas. Posible alojamiento en familia. Infantas, 5.
☎ 222 18 75.

IDIOMAS
Inglés, francés, alemán, español para extranjeros. Clase diaria, 3.800 pesetas mes. CEE Idiomas. Infantas, 5.
☎ 221 10 04.

INGLÉS
Vox. Gran Vía, 65.
☎ 247 19 60.

INGLÉS
Grupos reducidos, todos niveles, profesorado británico, método directo. También clases para niños. Oxfordcentres. Cuatro Caminos, 8 (metro Cuatro Caminos).
☎ 253 63 64.
San Bernardo, 97 (metro San Bernardo).
☎ 593 17 07.

ÁRABE
Audiovisual. Por correspondencia.
☎ 91/287 07 40.

IDIOMAS
Ruso. Didacta. Argüelles.
☎ 889 68 06.

Árabe. Conversacional.
☎ 296 04 81.

Francés. Todos niveles.
☎ 247 09 50.

Inglés, nativo.
☎ 420 41 70/470 25 26.

Inglés, nativo. ☎ 551 62 98.

Inglés, francés. Zona centro. Método moderno. Grupos reducidos. Garantizamos aprendizaje.
☎ 221 04 10, 19-22 horas.

IDIOMAS-SERRANO
Inglés, francés, alemán, español. Profesorado nativo titulado. Serrano, 68.
☎ 275 59 80.

FRANCÉS
Abdera. ☎ 449 17 08.

ALEMÁN
Abdera. ☎ 449 55 70.

INGLÉS
Clases diarias alternas. Todos los horarios. Abdera. Andrés Mellado, 88 (Moncloa).
☎ 449 19 33, 449 54 99.

MARSHALL
Idiomas. Rios Rosas, 36.
☎ 442 95 66.

APRENDA
hablando. Curso intensivo inglés, francés, alemán. Desde 6.950 pesetas. Auvisa, Príncipe de Vergara, 55.
☎ 262 43 20, 262 95 00.

Ingles. Hora diaria, 4.9000 mensuales. Delfinmarshall.
☎ 581 74 65.

ALEMÁN
Método moderno, grupos reducidos garantizan máximo aprovechamiento. Grupos todos los niveles. Centro Hispano Alemán ISD, Gran Via, 40.
☎ 231 76 16/25.

INGLÉS
Profesores nativos. Grupos reducidos. Video. Anglia. Montesa, 35.
☎ 401 08 94, 401 06 12.

E13

As you will have noticed from the ads, more Spaniards want to learn English than any other language. Your Spanish friend's parents send you a copy of an ad about some courses in England and ask your opinion about them. You give them some advice.

1 Which group will you recommend if they want a summer course for their 13-year-old and their 16-year-old in August with classes every day?
2 Give a brief description of the location.

CURSOS PARA JOVENES EN INGLATERRA

Descripción

Se trata de grupos que van acompañados por personal seleccionado por International House. Los grupos constan de aproximadamente 20 personas y viajan en avión (incluido en el precio).

Los Centros

HEREFORD - es una ciudad de unos 50.000 habitantes en el oeste de Inglaterra, a pocos kilómetros de la frontera galesa. Situada sobre el Río Wye, es una antigua ciudad fundada en el siglo VII por los sajones. Tiene una famosa catedral y varios monumentos históricos. Es capital del condado del mismo nombre, considerado como uno de los más representativos de la bucólica y verde campiña inglesa. Las clases se imparten en el Herefordshire Technical College en una tranquila zona residencial cercana al centro de la ciudad.

RICKMANSWORTH - Antiguo pueblo típico que se ha convertido en los últimos 50 años en una elegante ciudad-residencia de Londres. Aunque se encuentra a 40 km. del centro de Londres, está bien comunicado por metro. Dista pocos kilómetros del aeropuerto de Heathrow, pero al mismo tiempo en cinco minutos uno puede estar en el delicioso paisaje de las colinas de Chiltern.
Las clases se imparten en una escuela de la ciudad.

TUNBRIDGE WELLS - Royal Tunbridge Wells (58.000) se encuentra situada a mitad de camino entre Londres (58 Km.) y Hastings en la costa sur (45 km.). Es una ciudad de elegantes casas, jardines, parques y paseos donde solía acudir con frecuencia la familia Real. Las clases se imparten en el bien equipado Adult Education Centre en el centro de la ciudad. Muy cerca de él hay el Centro Deportivo de la ciudad, el cual dispone de excelentes instalaciones.

Las clases

Las clases se hacen a razón de 3 horas diarias, de lunes a viernes en Rickmansworth y 4 días en Hereford y Tunbridge Wells. Las tardes los alumnos participan en actividades conjuntas tales como deporte, inglés mediante el teatro, visitas a lugares de interés, etc.

Estancia

La estancia se hace en familias que han sido seleccionadas con mucho cuidado. Todas las comidas, menos las de mediodía de lunes a viernes, se toman con la familia. Las comidas de mediodía se toman en la propia escuela o en algún restaurante cercano (incluido en el precio del curso). Los fines de semana se pasan en compañía de la familia.

Salidas programadas

Grupo A - Hereford
Fechas: 3/7 - 30/7
Duración: 4 semanas
Edad: 12 a 15 años
Precio: 170.000 ptas.

Grupo B - Rickmansworth
Fechas: 3/7 - 30/7
Duración: 4 semanas
Edad: 12 a 15 años
Precio: 165.000 ptas.

Grupo C - Tunbridge Wells
Fechas: 3/7 - 30/7
Duración: 4 semanas
Edad: 15 a 17 años
Precio: 170.000 ptas.

Grupo D - Rickmansworth
Fechas: 31/7 - 20/8
Duración: 3 semanas
Edad: 12 a 17 años
Precio: 140.000 ptas.

Grupo E - Rickmansworth
Fechas: 31/7 - 27/8
Duración: 4 semanas
Edad: 12 a 17 años
Precio: 165.000 ptas.

P

¿Tu amigo(-a) español(-a), ha estado alguna vez en tu país?

Eurocentro Madrid

Madrid, la capital en el centro de España. Madrid, un inmenso oasis en el corazón de España. Centro político y económico del país, engalanado con abundancia de jardines, avenidas y fuentes. Guardián del idioma castellano, y síntesis de las culturas regionales de toda España. Nuestra escuela, situada en el centro de la ciudad, vive a su ritmo: clases por la mañana, descanso a mediodía, y más clases y trabajo individual en el laboratorio y en el Centro de Recursos por la tarde.

Después, canciones, visitas al Prado (Goya, Velázquez, El Greco) o a cualquiera de los restantes museos de la ciudad, deportes; y excursiones a Toledo, Aranjuez, Andalucía, etc. Los profesores le ayudarán a descubrir Madrid y sus alrededores. Su material pedagógico constituye un puente entre la cultura española y el lenguaje actual.

A última hora de la tarde podrá disfrutar de la ciudad: las tiendas están aún abiertas, la gente llena las calles, y hay mucho por ver: cines, discotecas, teatros, librerías, y tascas que ofrecen deliciosas tapas. Podrá conocer a los españoles, su cultura y su lengua, hablada por casi 300 millones de personas y con una importancia creciente. Nosotros le enseñaremos cómo hacerlo.

Posibilidades de practicar los deportes siguientes en Madrid:

1	Cursos intensivos largos
2	Cursos intensivos cortos
3	Cursos de vacaciones
4	Curso de perfeccionamiento para profesores de español

Director:	J.A. Jiménez
Dirección:	Eurocentro Institutos Mangold S.A. Gran Vía 32–2° 28013-Madrid
Teléfonos:	(91) 231 4040 y (91) 222 8300
Telegramas:	Eurocentro Madrid
Télex:	22847

E14

You think that it would be a good idea to improve your Spanish by taking a course in Spain. After some discussion you decide on Madrid and then study some brochures with your parents to make sure you find the type of course you need.

1 Which type of course will you choose?
2 Where is the school located?
3 What are the advantages of the class schedule?
4 In addition to the classes, what else do the teachers offer?
5 Name three attractions of Madrid.
6 Why is Spanish growing in importance?

P

a Habla con tu pareja sobre las ventajas de pasar las vacaciones en el extranjero.
b Lee algo sobre Madrid y Barcelona y decide qué ciudad preferirías visitar y por qué.

Chapter 3
El mundo del trabajo

Si no andas listo(-a), la transición de la vida escolar al mundo del trabajo puede representar un salto al vacío. Vamos a echar una mirada al mundo laboral.

E1

Can you match up these job descriptions **1–9** with the signs **A–I**?

P

¿Qué te gustaría hacer en la vida después de terminar los estudios? ¿Cómo decidiste esto?

E2

What points in the following notice would be of interest to members of this union?

> **UNION GENERAL DE TRABAJADORES • FELANITX**
>
> **INFORMA**
>
> QUE EL LOCAL PERMANECERA ABIERTO CON EL SIGUIENTE HORARIO
>
> MARTES } DE 4 A 8'30 TARDE
> JUEVES }
> VIERNES DE 6'15 A 8'30 TARDE
> DOMINGO DE 9 A 1 MAÑANA
> (EXCEPTO FESTIVOS)
>
> **PARA SEGUIR LUCHANDO**
>
> DOMICILIO: C/. NUÑO SANS, 14 BAJOS
> TEL. 580007   FELANITX

P

¿Cuál es el papel de los sindicatos en el mundo de hoy?

1 MAESTRO ELECTRICISTA
La formación más completa en la rama eléctrica, que permite dirigir, coordinar y presupuestar trabajos, ocupando puestos de responsabilidad.

2 JARDINERÍA
Nuevo curso práctico de Jardinería. Se aprende: estudio de las plantas, tecnología, diseño y aplicaciones, prácticas e historia de la jardinería.

3 FOTOGRAFÍA
Revélese Vd. mismo sus propias fotografías en blanco y negro y color, entregándose a una apasionante afición que puede ser – ¿por qué no? – una lucrativa profesión.

4 DIBUJO Y PINTURA
Penetre resueltamente en el maravilloso mundo del arte, con un Curso de método sencillo, cómodo y fácil de asimilar.

5 TÉCNICO EN REPARACIÓN DE AUTOMÓVILES
Su contenido es tan amplio que capacita para localizar y reparar todo tipo de averías (ya sean mecánicas o eléctricas).

6 PUERICULTURA
Por fin puede seguir este completísimo Curso que le proporcionará unos profundos conocimientos profesionales no sólo sobre Puericultura prenatal y Puericultura postnatal, sino también sobre Pediatría.

7 FONTANERÍA
Prepárese en la actividad profesional con mayores oportunidades para independizarse muy pronto y trabajar por su cuenta.

8 CORTE Y CONFECCIÓN
Un curso ideal para la mujer moderna. Aprenderá todo cuanto necesita saber para realizar toda clase de prendas.

9 DECORACIÓN
¿Se ha parado a pensar en lo que gana un decorador? Esta atractiva profesión, que permite armonizar formas, colores y conjuntos, le ofrece grandes posibilidades de promoción social y económica.

E3

Here are some ads for jobs from the want ads. Study **A–D**. Which would you contact if:

1 you wanted a job that involved driving?
2 you wanted to earn some vacation money?
3 you preferred some vocational training?
4 you liked the idea of working in an office?

A

SE NECESITA chica para peluquería agosto y septiembre. Llamar de 9 a 19 horas. Tel. 319 88 10.

B

HÁGASE reparador de lavadoras y frigoríficos – curso eminentemente práctico. C/Sagunto no. 48 Sans. Tel. 661 04 50.

C

¿DESEA ganar un dinero mientras conduce? Si su respuesta es afirmativa, escríbanos. Le proponemos un negocio muy rentable. Apdo. 681 08007 Barcelona.

D

SE NECESITA chica de 17 a 22 años, para coger recados por teléfono en despacho. Preguntar por Sr. Jordí. Tel. 333 17 49.

E4

Your Spanish friend's older sister has completed a nursing course. She sees an advertisement in the local paper.

ENFERMERA JEFE

SE NECESITA URGENTEMENTE

PARA CLÍNICA PRIVADA EN LA COSTA DEL SOL

Entrevistas en el hotel Los Galgos, lunes 29 y martes 30, de dieciséis a diecisiete horas. Preguntar por el doctor Chaban.

1 In what part of Spain would she have to work?
2 Where will the interviews take place?

P

¿Trabajas los sábados o los domingos? ¿Dónde? ¿Cuánto ganas? Si no trabajas, ¿quién te da dinero para tus gastos?

E5

Your friend's younger brother is really into sports! This club might be just right for him!

1 When and where should he go?
2 What will he be expected to do?

HERCULES CLUB DE FUTBOL

Se convoca a **NIÑOS** con edades comprendidas **ENTRE 11 Y 12 AÑOS** ambas inclusives, para que se presenten el lunes día 22 de agosto a las 18 horas en las instalaciones del estadio Rico Pérez **PARA** ser sometidos a **SELECCION DEL FUTBOL BASE DEL HERCULES** Club de Fútbol.

LA JUNTA DIRECTIVA

P

¿En qué consiste el trabajo de enfermera y de futbolista? ¿Quién recibe más dinero? ¿Por qué?

E6

In addition to your language studies, business and secretarial skills also appeal to you. You are interested in knowing what a senior secretary in Spain could earn. Study the two ads (**A and B**).

A

EMPRESA MULTINACIONAL
PRECISA
SECRETARIA BILINGÜE
PARA CONSEJERO DELEGADO

SE REQUIERE:
- Formación a nivel de Bachillerato Superior.
- Experiencia mínima de cinco años como secretaria de alta dirección.
- Total dominio de castellano e inglés.
- Perfectas mecanografía y taquigrafía en ambos idiomas.
- Alto estilo de relación, amplio nivel cultural y elevado índice de profesionalidad.
- Experiencia en la utilización de procesadores de textos y dictáfono.
- Edad, alrededor de 30 años.

SE OFRECE:
- Integración en empresa sólida con oficina céntrica y bien comunicada.
- Retribución del orden de 2.100.000 Ptas., negociables según formación y experiencia.
- Incorporación inmediata a una empresa dinámica de ámbito internacional.
- Jornada laboral de lunes a viernes.
- Seguro de Vida.
- Ayuda adicional de comida.

Remitir "curriculum vitae" al Apartado Especial de Correos nº 94, F. D. de Madrid. Referencia: Personal.

(Ref. Goya 28.244.161-M008)

1 Which foreign language is required for both positions?

2 As well as shorthand and typing, what other office skills and procedures are required for both positions?

3 Why is knowledge of a foreign language so important for job **A**?

4 Which three personal qualities must you have for job **A**?

5 What do these jobs offer? Match the facts mentioned below with positions **A and B**.

	A	B
Start immediately		
A five-day work week		
Central location with good transportation		
Same hours throughout the year		
Life insurance plan		
Lunch vouchers		
Opportunities for advancement		

B

IMPORTANTE EMPRESA DE ÁMBITO NACIONAL
NECESITA
SECRETARIA ADMINISTRATIVA

SE REQUIERE:
- Buena mecanografía.
- Conocimiento en tratamiento de textos.
- Deseable taquigrafía y conocimientos de inglés.
- Edad máxima, 25 años.

SE OFRECE:
- Incorporación inmediata.
- Jornada intensiva todo el año.
- Posibilidades de promoción.

Interesadas escribir enviando *curriculum vitae* y foto reciente al apartado 50040 de Madrid, a la atención del Sr. Fernández.

E7

Here are two people in their twenties who have become famous in their field of work.

ANGELES CASO

Desde hace año y medio, los días laborables miran, esperan y giran en torno a las 8.30 de la tarde. Esta multifacética asturiana de 26 años, presentadora de la segunda edición de *Telediario*, no se queja de la pérdida de su privacidad por amor a la profesión. Pura energía, caben en su vida otras cosas: música, libros, cine, teatro, amigos, paseos, bailar...

PEPE BARROSO

Cuando tenía 17 años, una bruja le predijo el éxito. No se equivocó; con 24 añitos, es algo así como la cabeza de un imperio de 90 tiendas, repartidas por España y Portugal. «Don Algodón» es un auténtico trabajador, su vida gira en torno a su negocio; doce horas de trabajo al día, como mínimo, y unos cuantos abandonos..., entre ellos el periodismo, que considera su profesión frustrada.

1 What is each person's line of work?
2 Name one disadvantage of each of their lifestyles.

P

¿Quieres ser como Ángeles Caso o Pepe Barroso, o tienes otro héroe u otra heroína?

E8

Here is an article about a young girl embarking on a successful career.

1 How old was she at the time this article was written?
2 Where was she born?
3 Where does she live now?
4 Why did she give up her schooling?

¿QUIEN ES?

Arantxa Argüelles

No ha cumplido todavía los dieciséis años y ya tiene en su haber dos prestigiosos premios internacionales de ballet clásico: el que consi-guió el pasado año en el Certamen de Danza de Eurovisión que se celebró en Italia, y el Gran Premio de París en el II Concurso de Danza Clásica, donde actuó como pareja con Antonio Castilla.

Arantxa es zaragozana de origen, pero vive en Madrid desde los trece años. Así, tan joven, disfruta ya de una independencia absoluta y tiene su propio apartamento.

Comenzó a estudiar ballet casi antes de empezar a ir al colegio. Su madre no quería que fuese una niña gordita y a los tres años la llevó a la escuela de ballet de María de Avila, en Zaragoza. Arantxa asistía una hora tres veces por semana; cuando María de Avila se dio cuenta de su capacidad, aumentó las clases a una hora diaria. Luego llegaron dos horas, después los sábados y finalmente, mañana y tarde. El baile es su vida, hasta tal punto que ha dejado sus estudios nada más terminar la EGB y asegura que volverá a la carga con el BUP cuando tenga tiempo para ello.

Del premio de París, Arantxa y su compañero Antonio Castilla obtuvieron dos millones de pesetas, que se repartieron *como buenos hermanos*. La intención de esta joven bailarina es comprarse una buhardilla en Madrid con este dinero.

Arantxa se toma con mucha tranquilidad la popularidad que ha alcanzado y asegura que no se gusta lo más mínimo, que cuando se ve en un vídeo siempre se encuentra horrible. Lo que más le suele apetecer hacer con su tiempo libre es descifrar crucigramas, cenar con amigos, estar en casa o ir al cine.

Flying back from Spain, you happen to see this article about the life of a flight attendant.

PROFESIONES

Azafata de vuelo

Para unos no son más que niñas monas; para otros, camareras a bordo. Pero en realidad son mucho más que todo eso. Su nombre técnico es auxiliar de vuelo.

Mari Carmen Pérez Giménez es azafata de vuelo de Iberia desde los 18 años, aunque ahora esté gozando de una excedencia por maternidad. Afirma que toda su vida, desde que se planteó su futuro profesional, quiso dedicarse a esta profesión: «Estaba haciendo COU cuando decidí definitivamente que lo mío era volar, con gran disgusto de mi familia que, al ser hija única, hubiera querido que hiciera una carrera universitaria».
Mari Carmen afirma que la gente, en general, tiene una

LUIS ZAZO

Esta profesión exige tener una auténtica vocación.

idea bastante falsa de cuál es su trabajo; «además de ser mona y saber servir con corrección una naranjada, hay que tener bastante psicología para conocer a la gente y saber tratar a cada persona y, ante todo, hay que sa-

ber qué hacer y cómo reaccionar ante una emergencia».

Ventajas e inconvenientes

Esta profesión tiene de todo, como todas las demás. Para Mari Carmen, la ventaja es que a ella siempre le gustó

mucho el contacto con la gente —y en su trabajo es diario— y el principal inconveniente es que «con tanto ajetreo de ir y venir te desligas del mundo. Llega la boda de una hermana, por ejemplo, y resulta que tú estás en Tombuctú».

Requisitos necesarios

Para entrar en una compañía aérea se necesita:
• Dar unos mínimos y unos máximos de peso y medida. De medida, el mínimo es de 1,58 metros y el máximo de 1,73 metros. El peso será acorde con la talla.
• Hay que saber inglés.
• Saber nadar.
• Pasar favorablemente una entrevista personal.
• Un *test* de cultura general y uno de inglés.
• Un reconocimiento médico (no se puede usar gafas ni lentes de contacto).

El proceso

Se presenta la instancia en la compañía.
• Si es aceptada, se inician todas esas pruebas antes detalladas. Son eliminatorias; es decir, si no se pasa una no se accede a la siguiente.
• Hay que participar en un cursillo de entrenamiento (técnicas de salvamento incluidas).

Which of the following statements are true?

1 Mari Carmen is not working at the moment.
2 Her parents liked her choice of profession.
3 Flight attendants have to be under a certain height.
4 Flight attendants have to get along with people.
5 Flight attendants need to know how to swim.
6 Flight attendants are allowed to wear contact lenses.

P

¿Cuáles son los requisitos necesarios para hacerse:
a profesor(-a)
b garagista
c recepcionista?

E10

If you wish to gain additional skills, this organization might interest you. Why?

How much will it cost you to become qualified as:
1 a beautician
2 a hairdresser?

C.C.C. Centro de Estudios, San Sebastián

E11

The character on the left-hand side of the cartoon says three things about his personal circumstances. What are they?

TENGO OCHO HIJOS. DEBO SEIS MESES DE ALQUILER Y HACE TRES AÑOS QUE ESTOY EN EL PARO.

¡Y YO MAS!

E12

In Cataluña *escuelas taller* have recently been set up to cater to the needs of certain students. Here is an article about one school in Barcelona.

Unas escuelas combaten el paro y restauran monumentos

Trece centros enseñan una profesión a los jóvenes sin trabajo

Y.M./A.S.

Los jóvenes practican oficios que tienen que ver con la rehabilitación y restauración del patrimonio artístico y natural

■ Barcelona. – Casi un centenar de jóvenes barceloneses ha conseguido su primer puesto de trabajo en una escuela taller. Estos centros fueron creados con el doble objetivo de reducir el desempleo juvenil y recuperar aquellos oficios relacionados con la rehabilitación y restauración del patrimonio artístico, histórico y natural. El proyecto, que cuenta con el respaldo del ministerio de Trabajo y del Consejo de Europa, será ampliado con la creación de nuevas escuelas taller en toda Catalunya.

Los jóvenes reciben en estas aulas una formación general y específica impartida por expertos artesanos. Al mismo tiempo, realizan un trabajo de utilidad pública, como es la rehabilitación del patrimonio colectivo.

Buenos resultados

La escuela taller de rehabilitación del patri-monio de Barcelona es una de las 13 que han empezado a funcionar en Catalunya. El proyecto contempla la formación de 10 escuelas para Barcelona. Girona, Lleida y Tarragona se reparten el resto.

El nuevo centro para la rehabilitación del patrimonio funciona desde septiembre del año pasado por iniciativa del patronato municipal de la vivienda de Barcelona. Sus actividades colman, en gran medida, la demanda de especialistas en oficios relacionados con la restauración en un momento de *fiebre rehabilitadora*.

Rosa Palomas, directora de la escuela taller, se muestra satisfecha por los resultados obtenidos en pocos meses. "Cumplimos el doble objetivo de recuperar oficios artesanos en peligro de desaparación y de insertar en el mundo del trabajo a los jóvenes que buscan su primer empleo", indica.

Las escuelas taller son una alternativa a la tradicional formación profesional, ahora en desuso. Rosa Palomas afirma que "la formación ocupacional tiene la ventaja de estar más ligada a la realidad que la formación profesional que, en muchos casos, imparte enseñanzas desfasadas". Y apunta: "Al no ser una enseñanza con unas reglas rígidas y determinadas, puede amoldarse a las necesidades que surjan".

1 How many people are now attending the *escuela taller*?
2 What are the two objectives of the *escuela taller* plan?

Cuatro escuelas alternativas en Barcelona

■ Los caminos para encontrar trabajo son infinitos, aunque, después, los puestos de trabajo sean pocos. Existen las vías clásicas que pasan por el bachillerato, la formación profesional y la universidad. Sin embargo, la sociedad se adapta más rápidamente a la realidad que los pesados ministerios con sus planes de estudio eternos. Existen escuelas de los más variados oficios y academias privadas que desvelan los secretos de los empleos del futuro. Estas páginas ofrecen direcciones e ideas para seguir estudios alternativos.

Estudios para llegar lejos

| Cinco años son precisos para convertirse en profesional de la hostelería | Los jardineros se forman en el centro Rubió i Tudurí de Montjuïc | La demanda es superior a la capacidad de la Escuela Massana | Uno de cada 6 aspirantes ingresa en el Institut del Teatre |

YOLANDA MARTÍNEZ

■ Barcelona. – Estudiar en Barcelona no pasa, necesariamente, por los institutos, las escuelas de Formación Profesional (FP) o la universidad. Existen, de forma paralela, una serie de centros, algunos de ellos de larga tradición y prestigio, como la Escuela Massana y el Institut del Teatre. Otros, se presentan como una alternativa válida a la hora de encontrar un trabajo. Se trata de estudios para llegar lejos.

El mejor ejemplo lo constituye la Escola de Restauració i Hostalatge de Barcelona. Aquí se forman profesionales de la hostelería para un país que recibe varios millones de turistas al año. Tampoco debe olvidarse que Catalunya cuenta con cerca de 5.000 restaurantes y, de ellos, más de 2.000 están en Barcelona.

Además de esta escuela, que tiene el apoyo del gremio de restauradores de Barcelona, existen en Catalunya tres centros más que imparten esta especialidad (Girona, Cambrils y Vall d'Aran).

Dos opciones

Los futuros cocineros pueden decantarse por dos opciones: el programa de formación básico y el superior. El primero dura tres años y los alumnos han de tener una edad mínima de 16 años, así como estar en posesión del título de graduado escolar. A partir del primer curso, el alumno escogerá entre las especialidades de cocina, servicio de restaurante y recepción-administración de hotel.

Para acceder al programa superior, que consta de dos cursos, las condiciones son más estrictas. Se exige una edad mínima de 20 años, haber superado el programa básico o el segundo grado de hostelería en FP, o una experiencia profesional de dos años.

El centro pone especial interés en las clases prácticas. Los alumnos desarrollan sus conocimientos en el restaurante que tiene la escuela. Se encargan de preparar la carta y del servicio al público. También pueden acceder a emplearse temporalmente como recepcionistas en hoteles de tres y de cuatro estrellas.

Entre las flores

La Escuela Municipal de Jardinería Rubió i Tudurí, situada en el parque de Montjuïc, forma profesionales y técnicos en el campo de la jardinería y de la horticultura ornamental. Fundada en 1933 por el arquitecto y paisajista Nicolau Rubió i Tudurí, ha sido durante años única en su género. A pesar de que en estos momentos hay una importante demanda de

Los viejos oficios siguen teniendo una buena aceptación entre los jóvenes. En la foto, la escuela de tapices de Girona

profesionales de la jardinería, son pocos los jóvenes que escogen esta profesión. Actualmente, sólo 84 personas se preparan en esta afamada escuela, cuando podría dar cabida a otros 160 alumnos.

El título de técnico especialista en jardinería (correspondiente al segundo grado de FP) se consigue después de tres años de estudios. Según la modalidad elegida en el tercer curso, se obtiene el diploma de técnico de vivero o de técnico en espacios verdes.

La escuela depende del servicio municipal de Parques y Jardines. Los futuros jardineros reparten su tiempo entre el estudio de la botánica, la fisiología vegetal y el cultivo de plantas ornamentales. Las clases prácticas son ofrecidas en el propio parque de Montjuïc, el vivero de Tres Pinos o en otros parques de Barcelona.

Arte y farándula

La Escuela Massana, instalada en el edificio del antiguo hospital de la Santa Creu, es uno de los centros de artes plásticas y diseño más prestigiosos de Barcelona. El

centro fue fundado en 1929, a partir del legado de Agustín Massana, un pastelero de la calle Ferran, con la finalidad de fomentar e impartir las artes plásticas en general y las técnicas y oficios ligados al arte.

La gama de opciones es amplia. En la sección de arte se puede elegir entre esmalte, pintura, tapices, cerámica, escultura y joyería. La sección de diseño abarca estampado, gráfico y básico (industrial o de interiores).

Los estudios duran cinco años. El título oficial se obtiene si se supera el examen de reválida de la escuela de Artes Aplicadas y Oficios Artísticos.

La escuela cuenta ya con 1.100 alumnos. El antiguo hospital de la Santa Creu se ha quedado pequeño y se especula con su posible traslado junto al museo de Arte Contemporáneo.

Las 75.000 pesetas que cuesta la matrícula de cada curso no impide que el número de solicitudes para entrar en el centro supere su capacidad. El alumnado es seleccionado de acuerdo con las pruebas de ingreso donde se valora más la aptitud del examinado que la perfección o la técnica.

Otro centro que goza de gran prestigio es el Institut del Teatre. El 80 por ciento de los actores que trabaja actualmente en el mundo del espectáculo barcelonés procede de este centro. Éste es el caso, por ejemplo, de Juanjo Puigcorbé, Sergi Mateu y los integrantes de El Tricicle y Vol Ras.

Ingresar en el instituto es un sueño que sólo ven cumplido uno de cada seis aspirantes. Jordi Graells, subdirector del centro, no cree en la enseñanza masiva de esta especialidad.

E13

If you wanted to get professional training, there are also four specialized centers of excellence in Barcelona. Briefly summarize the training given in:

1 la Escola de Restauració i Hostalatge de Barcelona
2 la Escuela Municipal de Jardinería Rubió i Tudurí
3 la Escuela Massana
4 el Institut del Teatre.

Chapter 4
Los deportes y los pasatiempos

Después de la vida dura en el colegio y en el mundo del trabajo, aquí tienes una guía del ocio – deportes y pasatiempos – para que disfrutes del tiempo libre cuando vayas a España.

A   A orilla del mar

One day you go to the coast because you are interested in the information in this announcement. What does it give details of?

E2

Later you decide to do some sunbathing. How do you get to the beach you have chosen?

E3

What can you rent on the beach?

E1

Una experiencia nueva y fascinante. Algo para todos bajo el sol mediterráneo: Acuario de Mallorca. Una organización creada especialmente para poder albergar el mundo silencioso.

Los peces de formas extravagantes de la barrera de coral de Australia; las miniaturas de los ríos interiores de Brasil; las temidas pirañas; y la variada flora y fauna mediterránea desfilan ante los asombrados ojos de los visitantes.

Las 115 vitrinas del Acuario de Mallorca, están dispuestas a lo largo de las paredes de sus 2 plantas; verdaderos mundos donde la vida marina palpita en todo su esplendor de colores y formas.

E4

There is a pier nearby, from which special boats leave. What attraction do they offer?

Maravillosa excursión en nuestro barco con fondo de cristal por el que podrá admirar el fabuloso lecho marino con su variedad de Flora y Fauna.

E5

You end your day on the beach by renting a windsurf board from this company.

● *Una plancha de Windsurf a su disposición.*

Disfrútela cuando y como quiera.

Compártala con sus amigos.

Reserve por teléfono su plancha de Windsurf desde esta Recepción.

TRANSWIND le servirá una plancha polivalente último modelo, en este mismo Hotel o Camping.

El tiempo mínimo de alquiler es 1 día. Hay descuentos progresivos. Consulte nuestra tarifa.

El Hotel o Camping dispone de un lugar adecuado para guardar la plancha mientras no la utilice.

Además, puede alquilar opcionalmente un carro para transportar su plancha hasta la playa y una baca para llevarla en su automóvil.

Póngase en contacto con el Recepcionista. El le informará de cuanto desee saber y se encargará de efectuar la reserva.

TRANSWIND

Tarifa alquiler de planchas y accesorios

1 día	2.500 Ptas.
2 días	4.500 Ptas.
3 días	6.000 Ptas.
4 días	7.500 Ptas.
5 días	9.000 Ptas.
6 días	10.000 Ptas.
7 días	10.500 Ptas.

Tarifa alquiler Material opcional

Porta-tablas (coche)	250 Ptas./día
Carro transporte	100 Ptas./día

1 How much do you and your Spanish friend pay for one day's rental?

2 What other equipment does this firm rent?

E6

You are spending your vacation on the Costa Brava and your father suggests going out for the day. You tell him about the amusement park at Sitges and try to persuade him to take you there.

ATRACCIONES

– **El parque Acuátic Sitges** ofrece lo habitual más minigolf, parking gratuito, pic-nic libre, barbacoa, self-service, restaurante y pizzería, de las diez de la mañana a las ocho de la tarde. Un servicio de autobuses lleva hasta él desde la estación de ferrocarril. Los precios para un día completo son de 1.150 pesetas para adultos, 850 con "carnet joven" y 700 para los niños mayores de 3 años. Existe un abono de nueve mil pesetas para toda la temporada y precios especiales para la tarde. Información en el teléfono 894–03–69.

Check the facts to find out if the following statements are correct or not.

	T	F
1 At Sitges there is only an aquapark.		
2 You need to take your own picnic.		
3 There is free parking.		
4 It is open for ten hours.		
5 You need a car to get there.		
6 It costs 2.300 pesetas for two adults to get in.		
7 Your five-year-old brother gets in free.		
8 A season ticket costs 8.000 pesetas.		
9 It is cheaper in the evenings.		
10 You can call for further information.		

E7

Here are details about fishing according to a Spanish Tourist Office publication.

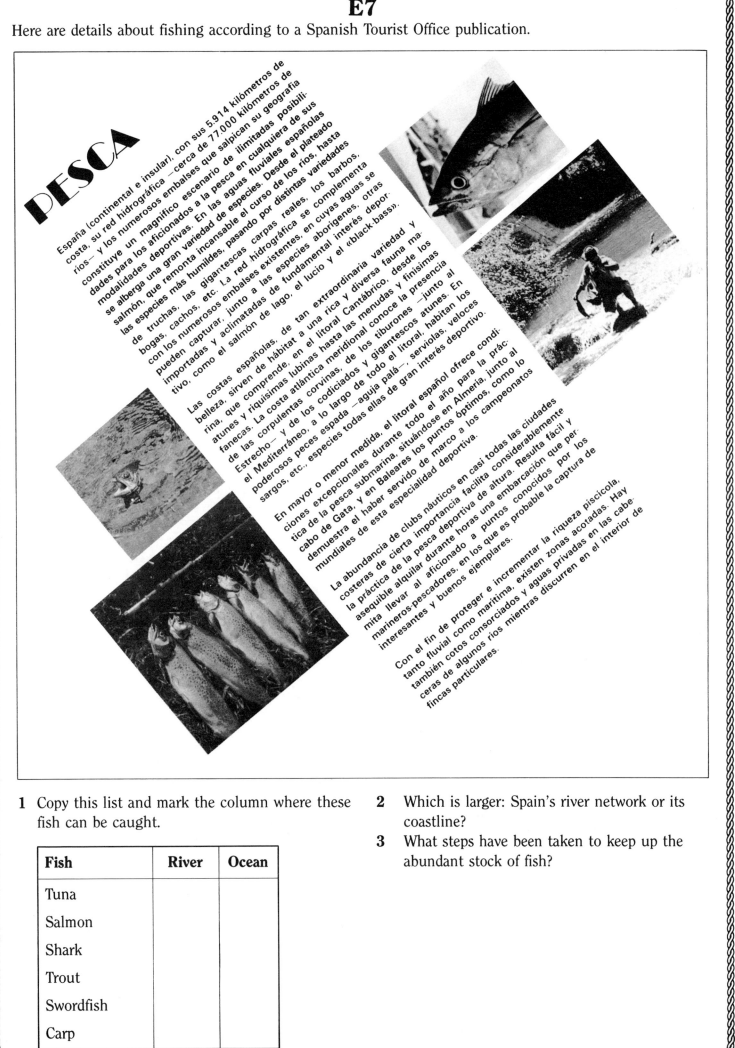

PESCA

España (continental e insular), con sus 5.914 kilómetros de costa, su red hidrográfica —cerca de 77.000 kilómetros de ríos— y los numerosos embalses que salpican su geografía constituye un magnífico escenario de ilimitadas posibilidades para los aficionados a la pesca en cualquiera de sus modalidades deportivas. En las aguas fluviales españolas se alberga una gran variedad de especies. Desde el plateado salmón, que remonta incansable el curso de los ríos, hasta las especies más humildes, pasando por distintas variedades de truchas, las gigantescas carpas reales, los barbos, bogas, cachos, etc. La red hidrográfica se complementa con los numerosos embalses existentes, en cuyas aguas se pueden capturar, junto a las especies aborígenes, otras importadas y aclimatadas de fundamental interés deportivo, como el salmón de lago, el lucio y el «black-bass».

Las costas españolas, de tan extraordinaria variedad y belleza, sirven de hábitat a una rica y diversa fauna marina, que comprende, en el litoral Cantábrico, desde los atunes y riquísimas lubinas hasta las menudas y finísimas fanecas. La costa atlántica meridional conoce la presencia de las corpulentas corvinas, de los tiburones —junto al Estrecho— y de los codiciados y gigantescos atunes. En el Mediterráneo, a lo largo de todo el litoral, habitan los poderosos peces espada —aguja palá—, serviolas, veloces sargos, etc., especies todas ellas de gran interés deportivo.

En mayor o menor medida, el litoral español ofrece condiciones excepcionales durante todo el año para la práctica de la pesca submarina, situándose en Almería, junto al cabo de Gata, y en Baleares los puntos óptimos, como lo demuestra el haber servido de marco a los campeonatos mundiales de esta especialidad deportiva.

La abundancia de clubs náuticos en casi todas las ciudades costeras de cierta importancia facilita considerablemente la práctica de la pesca deportiva de altura. Resulta fácil y asequible alquilar durante horas una embarcación que permita llevar al aficionado a puntos conocidos por los marineros-pescadores, en los que es probable la captura de interesantes y buenos ejemplares.

Con el fin de proteger e incrementar la riqueza piscícola, tanto fluvial como marítima, existen zonas acotadas. Hay también cotos consorciados y aguas privadas en las cabeceras de algunos ríos mientras discurren en el interior de fincas particulares.

---

1 Copy this list and mark the column where these fish can be caught.

Fish	River	Ocean
Tuna		
Salmon		
Shark		
Trout		
Swordfish		
Carp		

2 Which is larger: Spain's river network or its coastline?

3 What steps have been taken to keep up the abundant stock of fish?

B Los deportes

E8

These symbols are used for the Barcelona Olympics program to indicate the different sports. Match the symbols with the following list of events.

| A | B | C | D | E | F | G | H | I | J |

| 1 Atletismo | 3 Ciclismo | 5 Lucha | 7 Tiro | 9 Tiro con arco |
| 2 Boxeo | 4 Remo | 6 Fútbol | 8 Baloncesto | 10 Natación |

E9

While on vacation you see this ad. Your father likes golf and asks you to explain it to him.

1 Can he take lessons?
2 He would like to play early in the day. Is this possible?

golf **del sur** s.a.

San Miguel de Abona
Teléfono 78.57.06   Tenerife – Sur

**APRENDA A JUGAR AL GOLF
EN UNO DE LOS MAYORES
CAMPOS DE ESPAÑA**

Clases impartidas por
MARK PURSEY
(profesor profesional)

Horario ajustable,
mañana y tarde

ESCUELA DE GOLF

FRONTON JAI-ALAI PALACIO

Ramblas, 27
Todas las tardes
(excepto domingos)

**CESTA-PUNTA
5 PARTIDOS Y 2 QUINIELAS**

Local climatizado

**Frontones Españoles, S. A. Ramblas, 27. Barcelona
Teléfonos 318-91-75 y 302-46-01**

E10

What sport can be seen at Ramblas 27, Barcelona? When?

E11

Here is a report about a cycling accident.
1 What day did Ricardo Zúñiga have an accident?
2 How did it happen?
3 Who will be with him while he is being transferred to a hospital in Barcelona?

Sufre fractura de columna

ZUÑIGA SERA OPERADO EN BARCELONA

Oviedo, 26. (EFE.) – Ricardo Zúñiga, ciclista del "Colchón CR", que el pasado viernes sufrió una grave caída cuando disputaba la tercera etapa de la Vuelta Ciclista a los Valles Mineros, con fractura de columna en región lumbar, será enyesado y trasladado a Barcelona donde le intervendrán quirúrgicamente.

El corredor del "CR" sufrió el accidente cuando descendía el Alto de la Colladona, puntuable de primera categoría, y desde el momento en que se produjo la caída permaneció hospitalizado en el centro de salud de Mieres.

El corredor, que se encuentra acompañado por su esposa desde el día siguiente en que se produjo el accidente, emprenderá mañana viaje en avión hacia Barcelona.

E12

While on vacation, you decide to buy a tennis racquet. The classified ads catch your eye. Check these facts! (√ = yes, × = no)

	√	×
1 The child's bike is in good condition.		
2 The windsurf board is for sale without accessories.		
3 The ice skates cost 6.000 pesetas.		
4 The soccer outfit is brand new.		
5 If you want the tennis racquet, you should call in the afternoon.		
6 The sports bike has 12 speeds.		
7 The Italian bike is in good condition.		
8 You can phone about the soccer uniform in the morning.		

VENDO bicicleta de carreras 10 marchas 20.000. De 21 a 22 h. Tel.239 21 50.

VENDO bicicleta italiana Blanchi, estupenda 29.000. Tel.428 44 88.

VENDO patines de hielo t. 42. 5000 ptas. Tel.313 69 46.

VENDO tabla de Windsurf con accesorios muy buen estado. Zodim Felac. Manel. 85.000 ptas. Tel.203 99 56.

VENDO bicicleta niño 2 ruedas, buen estado 3.000. Pº de la Mania 294 2º.

EQUIPO de fútbol completo marca ADIDAS camisetas, pantalones y calcetines. Nuevos sin usar. De 14 a 16 h. Y de 20 a 22 h. Tel.319 78 74.

RAQUETA de tenis marca Head nueva sin usar vendo a buen precio. De 14 a 16 horas. Tel.319 78 74.

Deportes en breve

SEVERIANO BALLESTEROS, reciente ganador del Open Británico, se encuentra en la tercera posición, con 1.184 puntos de la clasificación de jugadores de esta temporada, que computa el Royal Ancient Club y que encabeza el australiano Greg Norman con 1.411 puntos. Por otro lado, se ha anunciado que el golfista español participará en el Open Suizo que se celebrará el 4 de septiembre en la localidad de Cransmontana.

★ ★ ★

STEPHANIE REHE, tenista de EE UU y segunda cabezade serie en el torneo de San Diego, se impuso a su compatriota Ann Grossman por un clarísimo 6-1, 6-1, en la final de esta competición, con lo que se embolsó doce millones de pesetas. Rehe tiene 16 años y ha logrado ya dos títulos esta temporada ya que consiguió también el torneo de Taipei (Taiwan).

★ ★ ★

RUGGIERI, jugador argentino de fútbol, es el principal objetivo del Logroñés, aunque tampoco se descarta la contratación del uruguayo Perdomo que sería traspasado por el Peñarol al club riojano. El entrenador Irurte ha anunciado a la directiva que necesita tres refuerzos más. Su esquema ideal sería Ruggieri, en la defensa, Cruz en el centro del campo, y Camataru en el ataque.

NATACIÓN

Berkoff bate por segunda vez el récord del mundo de 100 m espalda

EFE, Austin

El nadador estadounidense David Berkoff batió por segunda vez el récord del mundo de 100 metros espalda durante los campeonatos de Estados Unidos que se disputan en la localidad de Austin. Berkoff, con un tiempo de 54.95, mejoró inicialmente el récord que ostentaba el soviético Igor Polianski. Posteriormente, se adjudicó la final de la prueba y estableció una nueva marca con un tiempo de 54.91.

• **Antonio Martínez**, ciclista español del grupo Zahor, permanece como líder de la Vuelta a Portugal tras disputarse ayer la décimo-cuarta etapa, ganada por el británico Theakston.

E13

In a sports newspaper you notice some short articles about different sports.

1 Which of the following sports are covered?

a) Motorcycling
b) Windsurfing
c) Cycling
d) Squash
e) Tennis
f) Volleyball
g) Soccer
h) Basketball
i) Swimming
j) Sailing
k) Golf

2 Who won the fourteenth lap in the cycle race?
3 How did Berkoff come to break the record twice?
4 What is Ballesteros' overall position this season?
5 What will he be doing in early September?
6 How much was the winner's prize in the San Diego tournament?
7 How many titles has Rehe won this season?
8 Give Ruggieri's nationality.
9 What does the trainer say that he needs and where would he ideally position certain players?

P

¿Te gustan los deportes? ¿Cuáles? ¿Por qué?

This article is about Spain's first Olympic gold medal.

1 Has Spain won many gold medals since 1928?
2 Are the members of that team still alive?
3 What does the Marqués de los Trujillos particularly remember about the day on which the event took place?
4 Why did he go out first?
5 How did his teammate Navarro's round go?
6 Why was it unexpected?
7 What could Sweden or Poland have done?
8 How many penalty points did the Pole collect?
9 What did winning the gold medal represent?

JOSÉ ÁLVAREZ DE BOHÓRQUEZ

El primer oro español

En 1928, España consiguió su primera medalla de oro olímpica, un éxito que se ha repetido en muy escasas ocasiones a lo largo de la historia de los Juegos. Fue en Amsterdam donde el equipo nacional de hípica conquistó tan importante galardón. Ese equipo estabo formado por José Álvarez de Bohórquez, José Navarro Morenés y Julio García Fernández. Más de sesenta años después de aquella gesta, el único de los héroes que aún vive, José Álvarez de Bohórquez, marqués de los Trujillos, recuerda con añoranza los momentos decisivos de la conquista.

A pesar de su avanzada edad, 92 años, el marqués de los Trujillos conserva fresca en la memoria aquella gloriosa jornada en la que la reina Guillermina de Holanda le impuso la medalla de oro, como miembro más veterano del equipo. Es por tanto el primer deportista español que lució el más valioso metal en unos juegos: «Acabamos con cuatro puntos de penalización. Por cada derribo se contalizaban dos puntos. Yo hice el primer recorrido montando a Zalamero, un caballo irlandés propiedad del ejército. Siempre me gustaba salir el primero, ya que así me descargaba de responsabilidad. Hice dos puntos y García Fernández, con Revistada, otros dos. Por fin, Navarro, con Zapatazo, completó un recorrido impecable y no derribó ningún obstáculo. Fue inesperado y no porque Navarro estuviera en viaje de novios sino porque su caballo no era muy bueno.»

El marqués nos habla de los más mínimos detalles: «Quedaban por participar Suecia y Polonia, que podían quitarnos el primer puesto. Los suecos se hundieron, pero el polaco Antoniew iba cubriendo todo el recorrido sin falta. En la última dificultad, una ría con barra y seto, hizo agua. Pensamos que eso conducía al empate, pero además de agua había derribado barra y seto por lo que se quedó con seis puntos de penalización. En aquel momento, todos los españoles presentes olvidaron las jerarquías militares y se fundieron en un abrazo. Era un triunfo muy importante no sólo para nuestra hípica sino para el deporte español en general.»

Here is an extract from a review of a new football season.

1 How popular is football in Spain?
2 Which two things characterise recent developments?

Here are two more articles about the teams FC Barcelona and Real Madrid CF. Which one would you consider to be the favorite for the championship? Give reasons.

Hoy comienza el Campeonato
Nacional de Liga

EL AÑO DE LOS SUPER-FICHAJES

El fútbol, la mayor máquina de fabricar pasiones, se pone hoy en marcha. La Liga de este año se caracteriza por la igualdad de muchas escuadras y el gran número de fichajes que los distintos clubs han realizado. De las nuevas caras del fútbol, de los traspasos millonarios y de la situación de cada equipo hablamos en este especial Liga de la temporada. Todos aspiran a ganar y, si es posible, a contentar a esa afición que, domingo a domingo, llena los estadios.

REAL MADRID, C. F.

Buyo. Chendo. Tendillo o Gallego. Esteban o Camacho. Sanchís. Gordillo. Míchel, Schuster. Martín Vázquez. Butragueño y Hugo Sánchez. Entrenador: Leo Beenhakker.

Posiblemente el mejor equipo de Europa en la actualidad y, por si alguien lo dudaba, con la incorporación de Schuster, una escuadra plagada de figuras. Desde la portería de Buyo hasta la delantera de Butragueño y Hugo, el Real Madrid cuenta con una plantilla de oro, reforzada este verano con los fichajes del propio Schuster, Losada —¿podrá quitarle la titularidad al «Buitre»?— y Esteban. Quizá la Liga ya no tenga aliciente para el equipo blanco, las miradas de Beenhakker están puestas en la Copa de Europa, que este año se puede quedar en Madrid gracias a veinte estrellas del fútbol que van a por todas.

Línea por línea, el Madrid cuenta con un excepcional plantel de jugadores. En defensa, Chendo, Tendillo y Camacho forman un bloque compacto y bien combinado. La media está más que cubierta con Sanchís, Míchel, Schuster, Martín Vázquez y Gordillo, este último con sus terribles internadas por la banda. La delantera, de lujo y con goles: Hugo y el «Buitre» volverán a hacer de las suyas gracias a los pases mágicos del rubio alemán. Dicen que éste es el mejor Madrid de la historia.

F. C. BARCELONA

Zubizarreta o Unzúe, López Rekarte, Serna, Julio Alberto, Aloisio, Milla o Roberto, Eusebio, Soler, Carrasco, Julio Salinas o Bakero y Beguiristain o Lineker. Entrenador: Johan Cruyff.

Tres mil millones de pesetas se ha gastado el señor Núñez en renovar su equipo, empezando por el fichaje del mítico Cruyff y acabando por el trío vasco Bakero II, Rekarte y Beriguistain. Su sexto puesto en la pasada temporada y el caos interno del club han hecho que el Barcelona busque una nueva imagen. Junto a los nuevos, los veteranos que resistieron la quema, como Carrasco, Zubizarreta, Lineker —una de sus mejores bazas— y Julio Alberto. Combinar una plantilla totalmente renovada y responder a las expectativas son los objetivos de Cruyff.

A pesar de las buenas intenciones, el equipo catalán no comienza con buen pie la temporada. El oscuro escándalo de Alexanco y la poca diplomacia que ha acompañado a la renovación de la plantilla —muchos jugadores que «echaron los dientes» con la camiseta azulgrana se han quedado en la calle sin compasión alguna— hacen que el ambiente esté un poco enrarecido. Para evitar males mayores, Cruyff intentará por todos los medios posibles seguir en su línea de mejor entrenador de Europa.

C Apuestas

E17

While walking along the street, you see these two signs. What do they have in common?

E18

While at your friend's home, you notice some brochures. One (**A**) looks slightly familiar: it is a soccer pool coupon. The other one (**B**) you have never seen before: it is a coupon for the national lottery.

A

1 Which three pieces of information must you complete?
2 How do you make your bet?
3 How many teams does Madrid have?
4 Who is playing against Barcelona this week?
5 Is this a state or private organization?

B

1 As well as your personal data, which three pieces of information must you complete?
2 Which block of numbers do you use for multiple bets?
3 Can you use this form for Monday and Thursday draws?
4 Which sign do you use to register your bet: a check mark or an *X*?
5 How should you mark the boxes?

A

Jornada: 23

Nombre y apellidos: ....
Domicilio: ....
Localidad: ....

0 6 7 8 3 4 7 9

Cuerpo B-1
0678 3479

APUESTAS DEPORTIVAS DEL ESTADO

MARQUE SUS PRONOSTICOS SOLO CON EL SIGNO «X»

	1 X 2	1 X 2	1 X 2	1 X 2	1 X 2	1 X 2	1 X 2	1 X 2
1 CADIZ-SABADELL	1 X 2	1 X 2	1 X 2	1 X 2	1 X 2	1 X 2	1 X 2	1 X 2
2 AT. MADRID-R. MALLORCA	1 X 2	1 X 2	1 X 2	1 X 2	1 X 2	1 X 2	1 X 2	1 X 2
3 ATH. BILBAO-LOGROÑES	1 X 2	1 X 2	1 X 2	1 X 2	1 X 2	1 X 2	1 X 2	1 X 2
4 VALENCIA-R. CELTA	1 X 2	1 X 2	1 X 2	1 X 2	1 X 2	1 X 2	1 X 2	1 X 2
5 ESPAÑOL-R. BETIS	1 X 2	1 X 2	1 X 2	1 X 2	1 X 2	1 X 2	1 X 2	1 X 2
6 SEVILLA-BARCELONA	1 X 2	1 X 2	1 X 2	1 X 2	1 X 2	1 X 2	1 X 2	1 X 2
7 AT. OSASUNA-R. SOCIEDAD	1 X 2	1 X 2	1 X 2	1 X 2	1 X 2	1 X 2	1 X 2	1 X 2
8 R. ZARAGOZA-R. VALLADOLID	1 X 2	1 X 2	1 X 2	1 X 2	1 X 2	1 X 2	1 X 2	1 X 2
9 R. GIJON-R. MADRID	1 X 2	1 X 2	1 X 2	1 X 2	1 X 2	1 X 2	1 X 2	1 X 2
10 LERIDA-MALAGA	1 X 2	1 X 2	1 X 2	1 X 2	1 X 2	1 X 2	1 X 2	1 X 2
11 FIGUERES-R. SANTANDER	1 X 2	1 X 2	1 X 2	1 X 2	1 X 2	1 X 2	1 X 2	1 X 2
12 D. CORUÑA-CASTELLON	1 X 2	1 X 2	1 X 2	1 X 2	1 X 2	1 X 2	1 X 2	1 X 2
13 GRANADA-BILBAO ATH.	1 X 2	1 X 2	1 X 2	1 X 2	1 X 2	1 X 2	1 X 2	1 X 2
14 JEREZ D.-R. HUELVA	1 X 2	1 X 2	1 X 2	1 X 2	1 X 2	1 X 2	1 X 2	1 X 2
APUESTAS	1.ª	2.ª	3.ª	4.ª	5.ª	6.ª	7.ª	8.ª

B

Bono Loto de lotería primitiva

LOTERIAS DEL ESTADO
Cuerpo B-1
2 3 4 9 7 1 3 0 6

IDENTIFICACION DEL APOSTANTE

MARQUE SUS PRONOSTICOS CON EL SIGNO «X»
APUESTA MULTIPLE SOLO EN ESTE BLOQUE

BLOQUE 1 | BLOQUE 2

BLOQUE 1							BLOQUE 2						
1	8	15	22	29	36	43	1	8	15	22	29	36	43
2	9	16	23	30	37	44	2	9	16	23	30	37	44
3	10	17	24	31	38	45	3	10	17	24	31	38	45
4	11	18	25	32	39	46	4	11	18	25	32	39	46
5	12	19	26	33	40	47	5	12	19	26	33	40	47
6	13	20	27	34	41	48	6	13	20	27	34	41	48
7	14	21	28	35	42	49	7	14	21	28	35	42	49

Semana Nº ....
desde el domingo
día ....
APUESTAS JUGADAS

Bono Loto
Abónese a ganar

CON ESTE BOLETO PARTICIPA EN LOS SORTEOS DE:

Domingo
Lunes
Martes
Miércoles

Y PUEDE FORMULAR LAS SIGUIENTES APUESTAS:

1 }
2 } Método sencillo

7 - Método múltiple (sólo Bloque 1)

☒ BIEN
☒ MAL

Here is a true story of good luck!

1 Who won 700 million pesetas in the lottery?
2 Where did the lottery take place? Why?
3 How much did most individuals win?
4 What was the minimum played?
5 How long has the lottery been running?
6 How was the news of their win transmitted?

P

¿Y tus padres? ¿Participan a veces en sorteos o apuestas?

La lotería reparte 700 millones de pesetas en la localidad alicantina de Gata de Gorgos

SERGIO CAPELO, **Denia**

Los habitantes de Gata de Gorgos, localidad alicantina de 5.000 habitantes, se vieron favorecidos ayer con el primer premio del sorteo extraordinario de Cruz Roja de la lotería nacional, que repartió unos 700 millones de pesetas entre la gran mayoría de los vecinos. El sorteo fue celebrado ayer en Madrid tras ser suspendido el pasado sábado en Logroño a causa de la lluvia. El número 49.920 fue comprado y distribuido por la Unión Musical de Gata, que, habitualmente, compra un número para revenderlo entre los vecinos de la población.

Ayer, tras conocerse la noticia, un numeroso grupo de curiosos se agolpó a la puerta de la única administración de lotería existente para comprobar el premio. Otros fueron directamente a los bancos y cajas de ahorro para ingresar sus décimos. "Así están más seguros", comentaba Jaime Signes, uno de los afortunados millonarios al que le han correspondido cuatro millones de pesetas. "Hemos tenido mucha suerte, porque la Unión compra un número distinto en cada sorteo y lo reparte entre unos cuantos abonados".

A la mayoría de los entrevistados le ha correspondido cuatro millones de pesetas, el equivalente al premio de un décimo. "Pero el dinero está muy repartido", ha comentado Francisca Mengual, titular de la administración de lotería de Gata. "Hay quien ha comprado varios décimos y hay otros que llevan participaciones desde 150 pesetas. Como mínimo a éstos les ha tocado un millón de pesetas". La felicidad de la lotería es completa aunque, según dice, no jugaba a este número. "¡Fíjese que abrimos en enero de este año, porque esta es una lotería de las nuevas, de las del lío de Octavio Cabezas y antes de los seis meses ya hemos dado un *gordo*".

Los representantes de las distintas entidades financieras de la localidad han tenido una mañana más movida de lo habitual intentando convencer a sus clientes de que depositaran los décimos en la entidad que ellos representan. El director de la oficina del Banco de Alicante, al que le ha correspondido un premio de ocho millones de pesetas, no ha tenido tiempo de pensar qué hará con ellos. "He estado toda la mañana visitando amigos y clientes para intentar captar fondos para el banco y, hasta ahora, no he tenido tiempo ni de ingresar los míos".

La mayor parte de los agraciados se han enterado de su suerte mientras estaban trabajando. Unos, mediante la radio; otros, por el aviso de algún familiar o amigo. Incluso el cura párroco quiso sumarse a la alegría general haciendo voltear las campanas de la iglesia.

Los 700 millones de Gata no servirán para cubrir necesidades perentorias: el mimbre y la pasa dan trabajo a la práctica totalidad de la población y el índice de paro es ínfimo. La Unión Musical, distribuidora del premio, ofreció anoche un pasacalles a sus vecinos como muestra festiva de la alegría por el premio obtenido. Algunos comentaban que había un premio de 54 millones de pesetas pero nadie supo a ciencia cierta a quién le había correspondido.

José Signes Mulet y Jaime Signes Soler, vecinos de la localidad de Gata de Corgos agraciados con cuatro millones en la lotería de la Cruz Roja.

CARLES FRANCESC

D Pasatiempos

Fotografía

E20

While in Spain, you want to get your photos developed. You study these two special offers before deciding where to take them.

A

FOTOPRIX

25 Ptas. Foto 9×13

¡¡NO PAGUE 58 Ptas. EN OTRO SITIO!!

SUS FOTOS EN **FOTOPRIX** A MENOS DE LA MITAD DE SU PRECIO. DIRECTAMENTE DE LABORATORIO. YA SABE, SIN INTERMEDIARIOS. NO DEPENDEMOS DE OTRO LABORATORIO. POR ELLO DAMOS NUESTRA CALIDAD.

¡¡LA MEJOR!!

ADEMAS
un hermoso y práctico álbum de regalo por cada carrete que nos mande para revelar

FOTOPRIX

¿SABE que en el revelado de un carrete de 36 fotos se ahorra **1.279** Pts.?

25 PTS. FOTO 9×13

N.º de Fotos	Con Fotoprix	En otro sitio
Revelado + 12 fotos + IVA	**666 pts.**	1.058 pts.
Revelado + 24 fotos + IVA	**1.002 pts.**	1.838 pts.
Revelado + 36 fotos + IVA	**1.338 pts.**	2.617 pts.

PRECIO TOTAL POR CARRETE

29 PTS. FOTO 10×15

N.º de Fotos	Con Fotoprix	En otro sitio
Revelado + 12 fotos + IVA	**720 pts.**	1.058 pts.
Revelado + 24 fotos + IVA	**1.110 pts.**	1.838 pts.
Revelado + 36 fotos + IVA	**1.499 pts.**	2.617 pts.

PRECIO TOTAL POR CARRETE

B

¡NOTICIA BOMBA EN DIAPOSITIVAS!

Tenemos para ti carretes de diapositivas marca KONICA, de 36 exposiciones. CARRETE, MAS REVELADO, MAS MARQUITOS, AL EXCEPCIONAL PRECIO DE 950 PTAS. (IVA incluido) y en menos de 12 horas.

LABORATORIS FOTOGRÀFICS DEL COLOR

EN BARCELONA
Santaló ,126 (esquina Platón)
Tels. 209 36 43 y 209 54 34

EN MATARÓ
Avinguda Jaume Recoder, 36
Tel. 799 62 11

En LABORATORIS FOTOGRÀFICS DEL COLOR 24×30 por cada carrete revelado y copias te obsequiamos con **UN ALBUM Y UNA AMPLIACION ¡GRATIS!**

Y ahora, además, tenemos para ti una bonita **CINTA PARA EL CABELLO TAMBIEN ¡GRATIS!**

Sólo tenemos 1.000 cintas que serán entregadas por riguroso orden de solicitud.

¡NO PIERDAS NI UN INSTANTE!

P

a ¿Qué laboratorio eliges? ¿Por qué?
b ¿Te gusta sacar fotos? ¿Las pones en álbumes?
c ¿Cuál ha sido tu mejor fotografía? Descríbela.

Now answer the following questions, basing your responses on the advertisements above.

1 Do both companies state the price of developing film?
2 Who gives a free album with each roll of film?
3 Which company claims to be cheaper by more than half the price of others?
4 Who claims direct association with a photographic laboratory?
5 Who offers one free enlargement?
6 What other free gift does **B** offer? How will these gifts be given out?
7 How much will you have to pay for 24 standard-sized prints at Fotoprix?
8 How much do they claim that you save?

LIBRERIA ARPON

BAZAR · PESCA · DEPORTES · FOTOGRAFIA

Centro Comercial BOHEMIA
Plaza Bohemia · Local, 6
LA MANGA DEL MAR MENOR

Lectura

E21

You want to buy some presents for your host family who has various interests.

1 Why are you pleased to see this shop sign?
2 What three types of articles apart from books can you buy here?

P

a ¿Lees mucho? ¿Qué prefieres leer: revistas, periódicos, tebeos o libros? ¿Por qué?
b ¿Cuenta tu historia preferida.

E22

Because you want to buy a book for your friend's younger brother, you have a particular interest in these book reviews.

NOVEDADES

MALOS TIEMPOS PARA FANTASMAS

W. J. W. Wippersberg

Un relato lleno de humor, ilustrado por Käthi Bhend, que narra las divertidas andanzas de una familia de fantasmas con pretensiones de vampiros que trabajan en un castillo de Escocia asustando a los turistas

A. J. 192 págs. 382 pts.
F.: 11,2 × 17,5

AVENTURAS DE LOS DETECTIVES DEL FARO

Klaus Bliesener

Durante sus vacaciones, tres hermanos investigan todos los misterios que se les presentan. Estos jóvenes detectives plantean preguntas, en cada página del libro, que el lector tendrá que responder para ayudarles en sus investigaciones

A. J. 136 págs. 340 pts.
F.: 11,2 × 17,5

LA COLINA DE EDETA

Concha López Narváez

Premio Lazarillo del año pasado, la autora presenta en esta novela, ambientada en tiempo de los iberos, una historia de amistad que tiene como escenario la antigua ciudad de Edeta. Ilustraciones de Juan Ramón Alonso

A. J. 230 págs. 414 pts.
F.: 11,2 × 17,5

LEYENDAS DE LOS PIELES ROJAS

William Camus

Leyendas que vienen de la noche de los tiempos, ilustradas por Miguel Ángel Moreno. El autor, de origen iroqués, ha recogido las historias que Los Guardianes-de-los-Grandes-Sucesos narraban alrededor del fuego al caer la noche

A. J. 168 págs. 382 pts.
F.: 11,2 × 17,5

EL CIRCO DEL DOCTOR DOLITTLE

Hugh Lofting

Tras sus aventuras en África, el doctor Dolittle y sus amigos vuelven a su hogar sin un solo penique. El doctor pronto encuentra una solución para aliviar su economía: el testadoble, será un magnífico espectáculo en un circo

A. J. F.: 11,2 × 17,5

Editorial Espasa-Calpe SA

1 Which book would you choose if he likes mystery stories?
2 What is the main subject of the book by Wippersberg?
3 Where does the family of ghosts work and whom do they frighten?
4 How does the reader get involved in the detective story?
5 Would you say that these books were written in Spanish or are they translations?

E23

Your penpal takes you to see a play in Spain. In the program, you read details about the lead actor. Briefly summarize the information given.

Salón de Actos

ESCUELA DEL AVE MARIA   Calle Molinos, 57

Domingo 7 de Febrero - a las 9 de la noche

EN SESION DE

TEATRO FORUN

Triunfal presentación

del gran actor

JESÚS DÍAZ

En su magistral interpretación

LA MUÑECA MUERTA

(Tragicomedia de un hombre de hoy)

Original de

HORACIO RUIZ DE LA FUENTE

─ EL INTERPRETE ─

Jesús Díaz García, nace en Granada el 18 de Agosto de 1944. Sus comienzos escénicos los inicia en el Cuadro Artístico del Liceo de Granada, junto a actores de la valía de Doña Marina Velasco y Don Ramón Moreno,

En 1963 traslada su residencia a Barcelona donde perfecciona sus estudios de Arte Dramático. Sin embargo habrá de ser en 1967 cuando decide dedicarse profesionalmente al teatro. En su incansable búsqueda llega a sus manos «LA MUÑECA MUERTA» y se dedica por completo al montaje de esta obra.

Aquellos cuantos ven su interpretación llegan a la conclusión de encontrarnos ante una verdadera promesa del teatro español.

Televisión

E24

An American family living in Majorca wants to receive American programs by Satellite TV. They receive programs from the ECS 1 Satellite. What kinds of programs can they receive from the States?

RECEPCION DE TV VIA SATELITE VIGENTE EN ESPAÑA

SATELITE	DE ANTENA*	CANAL/PAIS	PROGRAMACION
GORIZONT	1,20-1,80 mts.	URSS	1.º Programa Oficial TV soviética.
ECS 1	1,80-3,00 mts.	RAI UNO (Italia)	1.º Programa Oficial RAI italiana.
		OLYMPUS (Holanda)	Programación experimental de la Unión Europea de Radiodifusión.
		TV (Francia)	Espectáculos, entretenimientos.
		NEW WORLD CHANNEL (Noruega)**	Religiosa.
		WORLD NET (EEUU)	Noticiarios.
		SKY CHANNEL (Gran Bretaña)**	Películas, entretenimientos.
		TELECLUB (Suiza)	Películas.
		FILMNET ATN (Bélgica)	Cultural, películas, videoconferencias.
		WPN (EEUU)	Noticiarios, películas.
		3—SAT (Alemania)***	Entretenimientos, películas.
		SAT 1 (Alemania)	Entretenimientos, películas.
		MUSIC BOX (Gran Bretaña)	Videoclips y espectáculos musicales.
		RTL-Plus (Luxemburgo)***	Entretenimientos
AINTELSAT V F04	3,00-5,00 mts.	PREMIERE	Películas.
		THE CHILDREN'S CHANNEL	Programación infantil.
		SCREEN SPORT	Deportes.
		MIRROR VISION (Gran Bretaña)	Entretenimientos.
		CNN (EEUU)	Noticiarios americanos.

* El tamaño de la parábola dependerá en cada caso del nivel de señal recibido en el emplazamiento de la antena.   ** codificadas.   *** emite por otro haz.

PARA MAYOR INFORMACION
Tel. 28 72 53 - C/. POU Nº 17 - PALMA.

E25

MIERCOLES

PRIMERA CADENA

«Aterriza como puedas «Largometraje especial»

07.45 Carta de ajuste: The Communards
07.59 Apertura y presentación

08.00 **XXIII Festival Infantil internacion de Ankara**

09.00 **Santa Misa.**

10.15 **Los Payasos de Hollywood**

11.05 **Documental**
«María Callas»

12.40 **Especial Dibujos animados**

14.00 **Telediario 1**

14.35 **Cuentos de hadas**
«Jack y las alubias mágicas»

15.30 **Festival mundial del circo**

16.30 **Dibujos animados**
«El Inspector Gadget: El aniversario de Mad»

17.00 **Barrio Sésamo**
«Espíval de Sesámot»

17.30 **La piedra blanca**
«Espisodio N.º 2»

18.00 **A tope**

19.00 **De 9 a 5**
«Separadas por un amor»

19.30 **Telediario 2**

20.05 **Nmemos**

20.55 **Canción triste de Hill Street**

21.55 **Los marginados**
«Sri Lanka: los dioses de la jungla»

22.55 **Telediario 3**

23.15 **Teledeporte**

23.40 **Largometraje**
«Aterriza como puedas». 1980. 85'.
   Dirección y Guión: Jim Abrahams, J. Zucker.
   Música: Elmer Bernstein.
   Fotografías: Joseph Biroc.

   Intérpretes: Robert Stack, Lloyd Bridges, Robert Hays, Julie Hegerty, Peter Graves, Leslie Neilsen, Ethel Merman, Karin Abdul-Jabbar.

SEGUNDA CADENA

El mar y el tiempo: «Lupe, Modas»

11.45 Carta de ajuste: Stevie Wonder
11.59 Apertura y presentación

12.00 **Hockey sobre hierba**
Torneo de Reyes

13.30 **Despedida y cierre**

17.45 **Carta de Ajuste: Stevie Wonder**

17.59 **Apertura y presentación**

18.00 **Balonmano**
Torneo de Reyes.
   España-URRS. Desde Oviedo

19.30 **Baloncesto**
Copa Korac.
   Dietor de Bolonia-Real Madrid.

21.00 **El mirador**

21.15 **Tendido cero.**

21.45 **Viento, madera y barro**
«Cuba: La tierra» (capítulo n.º 10).

22.15 **El Mar y el tiempo**
«Lupe, Modas» (capítulo 3)

23.10 **Tiempo de creer**
«Judíos»

23.25 Despedida y cierre

You look at the TV programs to find out which program your Spanish friend wants to watch at 6 p.m. on Channel 2.

1 What sort of program is it?

2 Since his parents always watch the news, why are they pleased about the timing of his program?

E26

These are the week's films on TV.
Match the titles to the appropriate brief
description of their content.

Televisión

Estas fichas han sido preparadas
para que se puedan recortar y pegar
en las casetes de VHS

LAS PELÍCULAS DE LA SEMANA

Domingo 14
AVENTURAS

«Evasión en Atenea»

De George Pan-Cosmatos. Con
Roger Moore, David Niven, Telly
Savalas, Claudia Cardinale. 1979.
Color. Ciento veinte minutos.   ★

Roger Moore

Videoteca...................... ABC

Segunda Cadena. Hora: 18,00

Transcurre la acción en un campo de prisioneros situado en
una isla griega, durante la II Guerra Mundial, lo que, unido al
título, basta para dar idea del contenido del filme, ni excesivamente imaginativo ni demasiado personalmente rodado por el
director de la exitosa «Rambo». Espectáculo sin sorpresas.

Domingo 14
ESPIONAJE

«Licencia para matar»

De Clint Eastwood. Con Clint
Eastwood, George Kennedy, Jack
Cassidy. 1975. Color. Ciento
veintidós minutos.   ★★

Clint Eastwood

Videoteca...................... ABC

Primera Cadena. Hora: 22,40

Aunque sí se trata de una película de espionaje, no tiene nada
que ver, pese al título, con James Bond. Y, realizada con su
habitual «oficio» por su protagonista, no llega a mantener
al espectador en vilo, pese a lo logrado de las escenas de
escalada. Eastwood, como actor, permanece siempre pétreo.

Lunes 15
COMEDIA

«Una mujer para dos»

De Ernst Lubitsch. Con Fradric
Match, Gary Cooper, Miriam
Hopkins, Edward Evarett Horton.
1933. Blanco y Negro. Noventa minutos.   ★★★

Miriam Hopkins

Videoteca...................... ABC

Segunda Cadena. Hora: 21,20

Aunque en parte edulcorada por presiones externas, la obra de Noel Co-
ward que sirve de base al filme era lo suficientemente audaz para que aquél
lo siga resultando a más de cincuenta años vista. Una exquisita comedia
que se adelantó treinta años a «Jules et Jim», resuelta con elegancia y con
un magistral terceto protagonista, con mención para Miss Hopkins.

Martes 16
DRAMA

«Un día volveré»

De Martin Ritt. Con Paul Newman,
Sidney Potier, Joanne Woodward,
Louis Armstrong. 1961. Color. No-
venta y ocho minutos.   ★★

Sidney Poitier

Videoteca...................... ABC

Primera Cadena. Hora: 22,20

Newman vuelve a trabajar a las órdenes de su realizador favo-
rito, Martin Ritt, en esta historia de americanos en París, cen-
trada en el ambiente musical, no demasiado estimulante y en
exceso «turística», con el atractivo de un reparto en el que
cabe destacar la magnética «presencia» de Louis Armstrong.

Jueves 18
DRAMA

«Tema»

De Gleb Panfilov. Con Mijail
Ulianov, Inna Tchurikova, Ev-
gueni Vesnik. 1979. Color. Noventa y seis minutos.   ★★

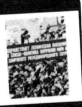

Videoteca...................... ABC

Segunda Cadena. Hora: 22,15

Premiada en el Festival de Berlín, para el que fue autoriza-
da después de varios años de prohibición absoluta, esta película soviética, bien anterior a la «perestroika», afronta, con
pasable rigor crítico, la toma de conciencia de un intelec-
tual. Es una obra notable, aunque acaso en exceso farragosa.

Viernes 19
COMEDIA

«La cenicienta
y Ernesto»

De Pedro L. Ramírez. Con Antonella Lualdi, Franco Inerlenghi,
José Luis Ozores. 1957. Blanco y
negro.   ★

Antonella Lualdi

Videoteca...................... ABC

Segunda Cadena. Hora: 16,30

Variación sobre el tema clásico al que el título hace referencia, a
mayor gloria de la a la sazón feliz pareja en la llamada «vida real»
que formaban sus protagonistas, planteada de forma un tanto
delicuescente y resuelta con escasa imaginación. Ozores desempe-
ña, una vez más, un cometido por debajo de sus posibilidades.

	Title		Guide
1	Un día volveré	A	Action takes place in a POW camp
2	Tema	B	A good film; loosely concerned with spying
3	Licencia para matar	C	A delightful comedy; ahead of its time
4	Evasión en Atenea	D	Highlights the Paris music scene
5	La cenicienta y Ernesto	E	A Soviet intellectual begins to ask questions!
6	Una mujer para dos		A good film; previously banned
		F	Variation on the classic Cinderella theme

46

SABADO

TV-1

09,05 A tope. (Repetición).
10,00 Diccionario de la salud. (Repetición). «Hipertensión».
10,30 El mago de Oz. «La Princesa Ozma».
10,55 48 horas.
11,00 La bola de cristal.
12,15 Nueva gente.
13,15 Lotería.
13,30 La otra mirada. «Horacio Quiroga».
14,30 48 horas.
15,30 El tiempo.
15,35 Isidoro. «Isidoro, caballero y ladrón».
16,00 Primera sesión. «Mi cerebro es electrónico» (1970).
17,30 Dibujos animados.
18,10 Las aventuras de Teddy Ruxpin. «Una mancha más».
18,35 Secretos y misterios. «Stonehenge».
19,00 Número 1.
19,35 La ley de los Angeles. «Episodio número 16».
20,30 48 horas.
21,05 Informe semanal. (Repetición domingo 21, a las 09,00).

You are at home with your penpal on Saturday afternoon. You often watch cartoons at 5:30 p.m., but today you decide to see if you will be able to understand the movie at 4 p.m., so you read the review notices in the two local newspapers.

Check the review (or reviews) that:

	A	B	Both
1 gives the original title			
2 lists the actors			
3 says the film gives adults a rest			
4 tells the story			
5 names the school			
6 tells what happens to the data and the boy's brain			
7 names the boy			
8 says what his friends then do			
9 tells what happens next with the bets			
10 says the last part is boring			
11 compares the film to ones made by another producer			
12 says it is not worth adult viewing.			

A

«Mi cerebro es electrónico»

Un producto de Disney con computadoras

Norteamericana. 1970. Director: Robert Butler. Intérpretes: Kurt Russell, César Romero, Joe Flynn, William Schallert, Alan Hewitt, Richard Bakalyan. 90 minutos. Color.

Valoración: ♣♣

16 horas. 1.ª Cadena

Los productos de la factoría Disney siguen apareciendo esporádicamente en «Primera sesión». Son, evidentemente, películas idóneas para que los más pequeños pasen un rato ante la pequeña pantalla y permitan a los adultos descansar de los rigores del verano. «Mi cerebro es electrónico» no es una excepción en este aspecto.

Pocos de los alumnos del modesto colegio de Medfield podían imaginar que al recibir como regalo una computadora su vida iba a cambiar tan radicalmente. La causa se debe a que uno de ellos, Dexter, manípula la máquina y recibe una tremenda descarga que conlleva el que todos los datos de aquélla pasen a su cerebro. Se convierte, pues, en un genio que lo sabe absolutamente todo.

Naturalmente, cuando sus compañeros descubren estas habilidades se dedican a explotarlas convenientemente. Lo hacen participar en concursos entre colegios, donde resulta invencible al contestar sin fallo a todas las preguntas. Pero su antiguo dueño amenaza con acabar con todo esto al recurrir a la computadora para sacar partido de apuestas ilegales. Los «gangsters» entran en acción.

Lo demás se da ya por sobreañadido. Un relato infantil que no reclama la atención de los adultos y en el que puede verse a un Kurt Russell, hoy actor de moda, cuando sólo tenía 18 años.

B

—«MI CEREBRO ES ELECTRONICO» («THE COMPUTER WORE TENNIS SHOES»). Estados Unidos, 1970. Director: Robert Butler. Guión: Joseph L. MacEvesty. Fotografía: Frank Phillips, en technicolor. Música: Robert F. Brunner. Duración: 87 minutos. Intérpretes: Kurt Russell, César Romero, Joe Flynn, William Schallert, Debbie Paine, Alan Hewitt, etc. Discreta producción de la factoría Disney, en la que se cuenta cómo un estudiante, por azar, se convierte en un genio al pasar todos los datos de una computadora a su cerebro. La computadora era utilizada para los juegos de apuestas, y así entran en acción unos gangsters que pretenden secuestrar al chico. Un argumento que se plantea con interés y que luego cae en las situaciones más tediosas y tópicas. Más o menos similar al de muchas comedias juveniles de hoy producidas por Spielberg y sus imitadores, con sus gotas de fantasía y dirigidas al público adolescente. (PRIMERA SESION).

P

¿Ves mucho la TV? ¿Qué tipos de programa te gustan? ¿Prefieres películas, series, documentales o dibujos animados? ¿Por qué?

E28

There is a good film playing at the local movie theater. Who is not allowed to see it?

E29

Movie theaters are facing strong competition from video rentals, according to this article. Mention three features about the new Metropolitan movie complex that would attract you.

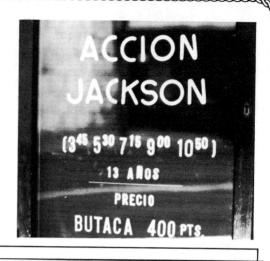

ACCION JACKSON

(3⁴⁵ 5³⁰ 7¹⁵ 9⁰⁰ 10⁵⁰)

13 AÑOS

PRECIO

BUTACA 400 PTS.

● *Irreconocible.—* El Metropolitan está irreconocible mientras las obras se desarrollan a todo ritmo. El mes próximo todo será diferente.

● *Una gran oferta.—* La intención de los propietarios es la de contar con la mejor oferta de exhibición cinematográfica de Mallorca.

Los propietarios del Metropolitan han tenido que hacer frente al eterno dilema, o una renovación profunda o el sucumbir ante la fortísima competencia de los video-clubs. Los nuevos «multicines», que pueden entrar en funcionamiento el mes próximo, tendrán una capacidad total de cerca de 1.400 personas en cinco salas. La fábrica de sueños sigue adelante buscando salidas a la crisis.

Juan Riera
Fotos: Joan Celià

Los dueños del Metropolitan, Sebastián Salom y Juan Riutort, que también controlan el Rívoli y el Lumière, se han decidido por una inversión multimillonaria para hacer frente a los tiempos modernos. La magia del cine había entrado en una peligrosa vertiente de extinción. Una empresa catalana especializada en salas de espectáculos lleva a cabo la reforma, que cambiará radicalmente el estilo del viejo Metropolitan.

No obstante, la sala principal se mantendrá en el mismo lugar y con las mismas dimensiones de como la ha conocido el público mallorquín durante 22 años, aunque es posible que cambie su tradicional decoración de color rojo.

La pantalla, la mayor de Mallorca, tendrá unas

Renovarse o morir

Los nuevos multicines «Metropolitan», con cinco salas, tendrán capacidad para 1.400 personas

dimensiones de 16 metros de anchura por 7'5 de alta y esta sala tendrá capacidad para 700 butacas. No obstante, el antiguo anfiteatro, cuya longitud está siendo ampliada en cerca de diez metros, será sala independiente con cabida para 300 personas. A su vez, la ampliación abarca dos locales situados a ambos lados de la sala principal, en el que da a la calle Juan Bauzá será ubicada una pequeña sala de menos de cien butacas y en la otra parte otras dos con más de cien plazas cada una.

Sistema sincronizado de proyección

Sólo tres operadores harán funcionar las cinco salas mediante una cabina central que controlará, automáticamente, todas las películas. Ello será posible porque cada sala, excepto una, funcionará con una sola máquina y no con dos, que era la técnica habitual de los viejos cines. Antes, cada película se dividía en varios rollos. Cuando una máquina acababa su rollo se daba pie a la otra y el

film continuaba sin interrupción. Ahora, una sola cinta horizontal que alimentará un único proyector será suficiente.

Los nuevos multicines seguirán manteniendo la exclusiva de las principales productoras norteamericanas, Metro, Para-

mount y Universal. De hecho, desde que el viejo Metropol se convirtió en Metropolitan Palace en 1966, esta empresa ha tenido suerte con las películas que ha contratado. La que inauguró aquella etapa, que ha terminado hace pocos meses fue

● *Nuevas salas.—* Con la reforma, el cine verá altamente potenciada su capacidad y la calidad de sus películas.

«My Fair Lady». Desde entonces, los éxitos más importantes han sido «Tiburón», «Terremoto» y «ET», títulos ultracomerciales que, a la postre, siempre son los capaces de batir récords en las taquillas.

El cine Metropol fue fundado por Antonio Servera en noviembre de 1944. Ayer lo recordaba Tomeu Ramis, encargado del local, que trabaja en la empresa desde 1946. Para Ramis «esta reconversión era más que necesaria. Hay que tener en cuenta que hay películas minoritarias que tienen su público, pero que no pueden sostenerse en una sala grande. Además, hoy en día una buena película resiste menos tiempo que hace unos años. El pasarla a una sala más pequeña permite una mayor renta-

Los proyectores estarán sincronizados a una cabina con circuito cerrado de televisión

bilidad», destacó.

Diez proyecciones en la misma zona

La zona de Pedro Garau pasará a convertirse en el principal núcleo cinematográfico de toda la isla. Entre los «Chaplin» y los «Metropolitan» habrá diez ofertas a la vez. Asimismo, no lejos se encuentra el Hispania de Rafael Salas. Ello vendrá a contrarrestar el cierre del viejo Born y de otros cines de Palma, en un proceso que parecía imparable desde hace años.

No obstante, todo indica que la oferta cinematográfica tiende a concentrarse en muy pocas instalaciones. La rentabilidad y la dura competencia del video ha marcado esta nueva estrategia empresarial. No obstante, los exhibidores, pese a tener participación en video-clubs, siguen considerando que «jamás será lo mismo ver una película en video que en pantalla grande».

HAY MUSICA DE TODOS LOS PAISES
Y PARA TODOS LOS GUSTOS
TODO EL DIA
DEDICADO A TI
103.2 FM
en antena 3
LA RADIO INTERNACIONAL EN INGLES

Música

E30

What would you hear if you tuned in to 103.2 FM?

NEW DISCO

DISCOTECA

* Precios populares
* Dos pistas de baile
* Tu ambiente más selecto
* Billar
* La mejor música independiente
* Con los mejores grupos del país e internacionales
* Vídeo – Vídeo – Vídeo

ENTRADA LIBRE
Pague en la puerta sólo lo que beba

DOS CONSUMICIONES
AL PRECIO DE UNA
(INCLUIDO WHISKY)

LA MEJOR OFERTA
CALIDAD - PRECIO

<u>395 Ptas.</u>

TORREMOLINOS CENTRO - COMPLEJO SAN ENRIQUE

E31

You are given this handout outside a disco.

1 How much do you pay to go in?
2 What special offer applies to drinks with this ticket?

P

a ¿Hay una discoteca en tu pueblo, barrio o ciudad? ¿Cómo se llama?
b ¿A veces, hay actuaciones de cantantes o conjuntos, o ponen solamente discos y cintas?

mecano
en Tenerife!

Plaza de Toros
Jueves 30
de Abril
9 de la noche

ENTRADAS: 800 pts.
(incluida degustación gratuita de cerveza DORADA)
Comprandola antes del 23 de Abril participas en el sorteo de un VIDEO ESTEREO PHILIPS VR 2350 de luz-bugp TENERIFE
Y una colección de discos de Mecano.

A la venta en:
DISCOS manzana
Sta.Cruz-La Laguna-Pto. de la Cruz
GALERIAS Sección de Discos
PIZZERIA Da gigi
Rhin Barril CERVECERIA
LA XAMPANYERIA
En Playa de las Américas:
NAYCO'S 1 NAYCO'S 2
Verónicas.3   Shopping Center
Y en la PLAZA DE TOROS
a partir del 28 de Abril

E32

While on vacation with your parents in Tenerife, you notice this advertisement for a rock concert.

1 Where is the concert to be held?
2 What does the price include?
3 What special offer do you get if you buy your tickets before the 23rd?
4 Name three places where you might buy tickets.
5 How many days before the concert can you get tickets at the door?

P

¿Conoces algunos cantantes o conjuntos españoles?

E33

Here is a guide to discos and clubs in the north of Majorca. Can you match up the places with their main features?

1	Menta	A	Beach party
2	El Príncipe	B	Piano music
3	Norai	C	German records
4	Tiffani's Disco	D	Sixties music
5	Belle Epoque	E	Andalucian atmosphere
6	Xiroi	F	Good restaurant

E34

Here is some information about two very different musical events which will take place in the summer.

A

1 Where and when will the guitar recital take place?
2 Where can you get tickets in advance?
3 What will you get if you are a subscriber?

B

1 Has the group been to Spain before?
2 How many concerts will they give?
3 What may their fans then have to do?

B

Pink Floyd

Pink Floyd, una banda histórica, llegará por primera vez a España durante el mes de julio –actuación el día 20 en Barcelona y el 22 en Madrid– después de que los aficionados suspirarán durante décadas por verlos en directo. El sueño se cumple al fin.

P

a ¿Cuál es el conjunto que más te gusta?
b ¿Has asistido a alguna actuación?
c ¿Tienes muchas cintas?

E35

You see the above notice in the Hotel Las Palmeras in Fuengirola where you are staying on vacation. What sort of music is likely to be heard every night?

P

Dile a tu compañero(-a) cómo se va desde el hotel hasta el Tablao Flamenco.

E36

This brochure attracts your attention.
1 What sort of show is being advertised?
2 Can you buy tickets in advance?
3 At what time and where is the event taking place on September 4?

51

Toros

E37

Which entrance (**A or B**) would you go to if you wanted a seat in the shade?

A

B

E38

According to the poster:

1 When does the bull fight begin?
2 How many bulls will there be?
3 Where would you sit if you bought the most expensive ticket?

–¿QUE OS PARECE? ¿Y SI SUSPENDIERAMOS EL PARTIDO?

Chapter 5
Haciendo la compra

Se puede comprar y vender de todo en España, pero ¿cómo vas a hacerlo si no entiendes precios, letreros y publicidad?

Pásalo bien cuando vayas de compras – ¡es muy divertido!

A Las tiendas

Here are some of the shop signs you will see in a Spanish town.

A

B

C

D

E

F

G

H

I

J
perfumería
ARTICULOS REGALO

E1

Write the letter(s) of the shop(s) that you would go to if you wanted the following articles:

1 A cake
2 A rug
3 A guidebook
4 Film
5 Some shrimp
6 Some perfume
7 Some meat
8 A pair of earrings
9 A paella pan
10 A tie

P

a ¿Cómo se llama la persona que trabaja en una carnicería; en una pescadería; en una relojería; en una frutería?
b ¿Qué se puede comprar en un estanco; en una droguería; en una lechería; en una panadería?

A

E2

1 According to these signs, which shop (**A or B**) has the longest lunch hour?
2 Which store is open on a Saturday?

B

P

a ¿A qué hora se abren las tiendas de tu barrio?
b ¿Qué día(s) se cierran?

E3

You are in Majorca and decide to spend a day shopping in Palma, the capital. You have several items on your shopping list. Which can you actually buy, according to the ads above?

1 A newspaper.
2 A battery for your watch.
3 Some flowers.
4 Some contact lens solution.
5 A record.
6 Some stamps.
7 Some potato chips.
8 Some new clothes.

E4

These shops are all found on the Costa del Sol. Which one specializes in:
1 custom-made drapes
2 kitchen furniture
3 stationery
4 food?

B   El mercado

You go to an indoor food market with your Spanish host family and are confronted with a variety of signs.

E5

At the entrance you see a guide to the stands.
Which floor would you go to for:

1 cheese
2 spices
3 cakes
4 cabbage
5 salami?

PLANTA B
FRUTAS ◆ VERDURAS
BAZARES ◆ LEGUMBRES COCIDAS
FLORES Y PLANTAS
PANADERIA Y PASTELERIA
DROGUERIAS ◆ LECHERIAS
MERCERIAS

PLANTA C
CARNICERIAS ◆ CHARCUTERIAS
POLLERIAS ◆ ULTRAMARINOS
SALAZONES Y ENCURTIDOS
HERBORISTERIAS ◆ ESPECIES

PRODUCTOS
ACELGAS
AJOS
ALBARICOQUES
ALCACHOFAS
CEBOLLAS
CEREZAS
CIRUELAS
CLEMENTINAS
LIMONES

MANZANAS GOLDEN
MANZANAS STARKING
MELONES
NARANJAS DE MESA
NARANJAS ZUMO
NARANJAS MALLORCA
NARANJAS PENINSULA
FRESAS
PERA BLANQUILLA

E6

Here is a guide to the fruit and vegetables available. Can you name six different fruits?

PLATANOS 1ᴬ
SANDIAS
TOMATES CANARIOS
TOMATES DE ENSALADA
UVA BLANCA
UVA NEGRA

E7

What items are on sale?

E9

How much are pork chops?

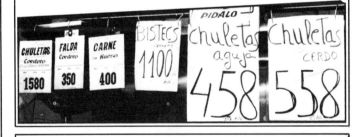

E10

Which meat is the least expensive?

PATOS PvP 500 Pts Kilo
POLLOS PvP 320 Pts Kilo
PAVOS PvP 400 Pts Kilo
GALLINAS PvP 220 Pts Kilo
CONEJOS PvP 700 Pts Kilo

E8

Which stand (**A or B**) sells canned fruit?

A **FRUTOS SECOS**

B **FRUTAS ALMIBAR**

P

Con tu pareja de clase, elige uno de estos puestos y haz el papel de dependiente o cliente.

LOS PRECIOS DE LA SEMANA

En un recorrido por el mercado de El Olivar hemos podido observar que uno de los artículos más caros, hoy por hoy, es el pollo, aunque éste continúa siendo uno de los productos cárnicos a la venta con precios más asequibles.

Lo más barato

Hortalizas

■ **Tomates de ramillete entre 150 y 250 pesetas.**—El tomate de ramillete registra en estos momentos los mejores precios de toda la temporada. No obstante, para el consumidor que decida realizar una conserva de tomate es aconsejable que espere a la segunda o tercera producción, porque los primeros no son los óptimos para conseguir un perfecta conserva.

Frutas

■ **Manzanas «Golden» entre 60 y 165 pesetas.**—En estos precios se incluyen las manzanas nuevas y las que llevan ya a la venta varios meses. Las manzanas nuevas de la variedad «Golden» recién aparecidas en el mercado de El Olivar presentan un precio de frecuencia de 80 pesetas el kilo, coste que se puede considerar muy ventajoso.

Carnes

■ **Carrillada entre 340 y 530 pesetas.**—La carrillada, denominada en Mallorca «galta de vadella», es un producto cárnico a buen precio. Su cotización oscila entre las 340 pesetas el kilo -correspondiente a la pieza que lleva incorporada el paladar- y las 530 pesetas, este último precio es más alto porque se vende sin paladar.

Pescados

■ **Almejas entre 1.000 y 1.800 pesetas.**—Aunque esta variedad siempre presenta costes muy elevados, como todos los mariscos, ahora sus precios no son excesivamente caros.

Lo más caro

Uvas

■ **Uvas entre 220 y 260 pesetas.**—Estos precios corresponden a las variedades sin pepita, el primero de ellos a la negra y el segundo a la blanca, denominadas «Flen» y «Superior».

Alcachofas

■ **Alcachofas entre 480 y 700 pesetas.**—Son las primeras de la temporada, de ahí que estén tan caras, por ello recomendamos las congeladas (350 pesetas) más baratas y sin mermas.

Pollo

■ **Pollo entre 270 y 325 pesetas.**—Después de progresivas subidas de los precios del pollo, este producto alcanza ahora costes muy altos en relación a los que presenta habitualmente.

E11

Here is a consumer guide to the market produce currently available.

1 Which variety of apple is the best value?
2 If you wanted some fish, which is a good buy?
3 What is said about grapes?
4 Why are artichokes so expensive? Which kind is recommended and why?

P

¿Cuál es tu fruta preferida? Descríbela, sin decir su nombre. Tu compañero(-a) debe adivinarla.

E12

According to another report on prices in the market, which of the following statements are true?

1 Bad weather has led to a shortage of fish in the market.
2 Lamb chops are in great demand.
3 This article was written after Easter.
4 The strawberry season has not yet started.
5 The price of oranges has gone down.

Los precios de chuletas de cordero se adaptan a la fuerte demanda

L.H.

A pesar del mal tiempo que hemos sufrido en los últimos días y que ha influido, por tanto, en la escasez de capturas, se cierra la semana de mercados con mucho pescado en los puestos a precios muy altos. Variedades como el salmonete, pescadilla, rape pelado, es decir, el pescado blanco en general, e incluso el azul, como la sardina, jurel, caramel y bacaladilla, presentan precios por encima de los que suelen ser habituales.

En relación a la carne, los precios de las chuletas de cordero se han adaptado a la gran demanda existente a raíz de que la Semana Santa ya está cerca. Las chuletas de cordero registran precios que oscilan entre las 850 y las 1250 pesetas, siendo los más representativos los de 900 y 1000 pesetas. Las bandas enteras de chuletas de cordero se venden a 820 pesetas kilo. La carne de conejo ha mejorado de precio en el Mercado del Olivar, situándose entre las 558 y las 650 pesetas. Y en cuanto a la lechona, hay ahora más calidad y variedad

SUBEN LAS NARANJAS

Respecto a frutas, el fresón sigue mejorando de precio, oscilando entre las 140 y las 440 pesetas kilo, los precios de frecuencia son de 160 pesetas para el fresón pequeño y 260 para el fresón grande. La naranja ha registrado una segunda subida de 5 pesetas en lo que va de semana, por lo que su precio actual está entre las 30 y las 60 pesetas. Por último, la naranja «navel Mallorca» presenta un precio de frecuencia de 40 pesetas, la naranja de zumo tiene un precio que oscila entre las 35 y las 50 pesetas y la naranja «navel Península» está entre las 65 y las 90 pesetas.

HORTALIZAS	Pl. Olivar
Patatas	62
Tomates	180
Lechuga	80
Col	80
Rabanitos	50
Alcachofas	60
Judías verdes	280
Habas	100
Espinacas	45
Guisantes	240
Zanahorias	60
FRUTA	
Naranjas	40
Manzanas	120
Plátanos	160
Peras	180
CARNE	
Pollo	260
Conejo	620
Carne estofado	750
Hígado ternera	750
PESCADO	
Sardina	250
Mejillones	180
Pescado sopa	800
Caramel	350
TOTAL	5.697

C   Los grandes almacenes

E13

In a large department store you see several signs to help you shop more easily. Show which sign (**A, B, C, D, or E**) indicates where:

1 you can leave your shopping
2 you can try clothes on
3 you can leave quickly in case of fire
4 you can buy food
5 you can buy a coffee percolator.

(A) CONSIGNA
(B) MENAJE
(C) SALIDA DE EMERGENCIA
(D) PROBADORES
(E) ROPA DE HOGAR OPORTUNIDADES ALIMENTACIÓN

P

¿Existen grandes almacenes en tu pueblo, barrio o cuidad? ¿Cuáles son las ventajas de los grandes almacenes?

E14

Barcelona has several shopping malls, each with its own characteristics. Name the mall which:

1 has gift and sports shops
2 is in the center of the town
3 is the oldest
4 has French and Italian fashion shops
5 is the most popular.

El primer centro comercial de estas características que se creó en Barcelona fue *Bulevard Rosa*, situado en pleno Eixample. Se abrió en el año 1978, creando una calle peatonal, un bulevard con tiendas a ambos lados que iba desde el passeig de Gràcia a la Rambla Catalunya.

Otro importante centro comercial es *Diagonal Center*, con 75 tiendas situadas en el centro de Barcelona y en las que se pueden encontrar las primeras marcas en moda, La Bul, Ginger, Alain Manoukian, Valery... *Galerías La Avenida* se encuentra en la Rambla Catalunya y sus tiendas responden a una confección muy elegante; además, como todo este tipo de establecimientos, cuenta con papelería, objetos de regalo, decoración, joyería, deportes, heladería y un bar.

Galerías Turó está en la calle Tenor Viñas y es muy similar a la anterior.

Galería Ferriça, en Puertaferrisa, es quizá la más popular y, por lo tanto, la que ofrece precios más asequibles.

Barcelona

Y en pleno barrio Gótico se encuentran las *Galerías Maldá*, que iniciaron su andadura en plena postguerra, noviembre de 1942. Hoy son muy distintas de aquel centro comercial que se abriera hace cuarenta y tres años: quedan muy pocos comerciantes de los originales, pero no han perdido ese *charme* que siempre han tenido. Parte de su actualización consiste en la instalación de un pequeño cine de arte y ensayo. Entre sus firmas se puede destacar Montijo, que vende

Galerías Turó.

elegancia y buen gusto muy al estilo italo-francés, y ya en la línea moderna, Tiza. Ollé es la única *boutique* masculina de toda la galería, y en Iris puedes encontrar cualquier detalle de bisutería.

Diagonal Center.

E15

2.º SOTANO

Servicios:
Aparcamiento. Carta de Compra. Fotocopias. Taller de montaje de accesorios del Automóvil. Envíos a domicilio. Envíos nacionales y extranjeros. Devolución I.V.A.

1.er SOTANO

Servicios:
Flores y Plantas Naturales. Reparación de calzado. Duplicado de llaves. Plastificado de documentos. Grabado de objetos.

Departamentos:
Hogar Menaje. Artesanía. Cerámica. Cristalería. Cubertería. Accesorios de Automóvil. Bricolaje. Loza. Orfebrería. Porcelanas (Lladró, Capodimonte). Platería. Regalos. Vajillas. Saneamiento. Artículos de limpieza. Plásticos. Ferretería. Pequeños Electrodomésticos. Jardinería. Baterías Cocina. Acero Inoxidable.

Departamentos:
Complementos de Moda. Perfumería. Cosmética. Joyería. Bisutería. Bolsos. Fumador. Librería. Marroquinería. Medias. Pañuelos. Papelería. Relojería. Sombreros. Turismo. **Discos.** Perlas Majórica. Pastelería y Golosinas. Cinturones. Abanicos. Paraguas. Gafas de Sol. Fotografía. Juegos Sociedad. Departamento "Cosas".

PLANTA BAJA

Servicios:
Intérpretes. Información. Tabacos. Objetos perdidos. Reparación de Relojes.

Departamentos:
Señoras. Confección. Punto. Peletería. Boutiques Internacionales. Lencería. Corsetería. Futura Mamá. Tallas Especiales. Ante y Napa.

1.ª PLANTA

Servicios:
Conservación de Peletería.

Departamentos:
Hogar Textil. Mantelerías. Toallas. Edredones. Ropa de cama y mesa. **Tejidos.** Mercería. Sedas. **Zapatería.**

2.ª PLANTA

Servicios:
Patrones de Moda.

Departamentos:
Caballeros. Confección. Ante y Piel. Boutiques. Ropa interior. Sastrería a medida. Artículos de Viaje. Complementos de Moda.

3.ª PLANTA

Departamentos:
Niños-Niñas (4-14 años). **Confección.** **Boutiques.** **Complementos. Bebés.** Confección. Carrocería. Canastillas. Regalos Bebé. Zapatería Bebé. **Juguetes.** Niños-Niñas (4-10 años). Chicos-Chicas (11-14 años). Colegios. Tienda de Caprichos.

Departamentos:
Juventud. Confección. Tienda Vaquera. Lencería. Corsetería. Punto. Boutiques. Complementos de Moda. Discos.

Departamentos:
Supermercado. Oportunidades.

Departamentos:
Lámparas. Alfombras. **Imagen y Sonido.** Grandes Electrodomésticos. Muebles de Cocina. Visillos. Moquetas. Cortinas. Tapicería. Papeles Pintados. Microinformática.

Departamentos:
Deporte. Prendas Deportivas. Zapatería Deportiva. Armería. Complementos. Marcas internacionales.

4.ª PLANTA

Servicios:
Listas de Boda. Lista de Primera Comunión.

5.ª PLANTA

Servicios:
Unidad Administrativa (Tarjeta de compra El Corte Inglés). Venta a plazos. Cheques-Regalo. Post-Venta.

6.ª PLANTA

7.ª PLANTA

Servicios:
Alquiler de películas de Vídeo. Estudio de Decoración. Asesoramiento Microinformática.

8.ª PLANTA

Servicios:
Agencia de viajes. Cambio de moneda extranjera. Peluquería de Señoras, Caballeros y Niños. Centro de Seguros. Tramitación licencias para Armas, Caza y Pesca. Centro de Comunicaciones (llamadas telefónicas nacionales e internacionales).

9.ª PLANTA

Servicios:
Cafetería-Restaurante. Terraza.

El Corte Inglés is another large and well-known department store. While shopping, you decide to look around. Above is the store guide to all the various departments and services available. Check on which floor you will find:

	Floor
1 a present for your Spanish friend's mother – maybe something in glass or something for the garden	
2 a toy for her five-year-old sister	
3 an accessory or a little gift for your mother	
4 a pair of shoes for yourself	
5 a video to rent for this evening	
6 a drink and a place to rest.	

D Las ofertas

E16

You are given this handout advertising sales. What is the occasion?

1 Your sister needs a cheap, but waterproof, watch. Which will you suggest?
2 Your parents need an alarm clock because they oversleep. Why would the Casio model be useful?
3 You like listening to the radio, but your family does not. What could you buy for yourself to help the situation?

59

E17

Your friend's younger brother needs to be outfitted for school. He needs size 26 shoes, a waterproof jacket, pants, and a sports bag. If they buy all these items at the Continente supermarket, how much will everything cost?

La oferta más lista Para volver al cole

Cazadora polipiel aviador, tallas 4 a 16
4.995

Cazadora tejana con detalles piel, tallas 4 a 16
3.250

Impermeable fantasia, tallas 4 a 16
895

Cazadora TACTEL, tallas 4 a 16 ..
2.950

Pantalón tejano clásico piedra, tallas 4 a 16
1.295

Falda tejana con apliques polipiel, tallas 4 a 16
1.295

Pantalón pana gomas cintura niño, tallas 4 a 16
1.295

Chándal felpa estampado, tallas 4 a 16 ....
895

Pijama estampado niña, tallas 4 a 14 ....
650

Material Escolar

Recambio tamaño folio, 100 hojas, 4-16 taladro, CONTINENTE	**96**	Bolsa con 3 bolígrafos	**37**
Paquete 100 hojas folio CONTINENTE	**90**	Juego de dibujo CONTINENTE ..	**175**
Cuaderno tamaño folio, 80 hojas cuadrícula CONTINENTE	**90**	Balón basket	**749**
Carpeta de plástico, 16 anillas, tamaño folio	**335**	Bolsa deporte YUSHIMA	**1.590**
Caja 12 rotuladores CONTINENTE ..	**96**	Macuto especial NBA	**995**
Plumier 12 pinturas	**250**	Macuto especial HARVARD	**650**

Bebé

Jersey punto perlado, tallas 1 a 6 años
995

Abrigo bebé CIRE, forro borreguillo, tallas 1 a 6 años
2.250

Chándal bebé estampado, tallas 1 a 5 años
995

Calcetín ORLON **99**

Calzado

Bota niña fantasia, forro borreguillo, núms. 27 al 38
2.250

Bota chubasquera fantasía SNOOPY, núms. 21 al 29 ....
1.175

Zapato niño colegial en piel, piso goma, núms. 27 al 38 ....
1.650

Zapato niño piel, piso goma, núms. 24 al 38
1.895

Deportivo niño en piel, núms. 27 al 37
1.350

La oferta más lista... PARA VOLVER A CASA

MENAJE-HOGAR

Conjunto: cafetera alumino 6 tazas y juego de café. 6 servicios
995

Olla a presión ALZA, súper-rápida, 6 lts.
4.695

Juego 2 cazos, aluminio antiadherente, 12 y 14 cm.
550

Vajilla 20 piezas, loza decorada
1.950

¡ESTA BATERIA TE REGALA UN FIAT!

Batería de cocina 8 piezas, con fondo difusor, cocina sin agua y sin grasa. linea oro
14.975

IMAGEN Y SONIDO

TV. color 14" SANYO, modelo Qu4ttro-3265, con mando a distancia
49.900

Equipo Hi-Fi SCHNEIDER, mod. 2650, con compact-disc. 80 watios, doble pletina, ecualizador 5 cortes, altavoces de 2 vías y mando a distancia
49.500

Video GOLDTONE, mod. 6291, VHS, HQ, 4 programas, 14 dias. con mando a distancia por infrarrojos
39.900

Cinta video 3 horas SAMSUNG, VHS o Beta ....
445

Ordenador ELBE Pc 3011 con impresora, modelo EP 80
127.500

HIPERMERCADO · CENTRO COMERCIAL
CONTINENTE
Autopista Aeropuerto salida Coll d'en Rabassa

60

E Los periódicos

E18

Your penpal is scanning a local newspaper to look for some Christmas presents for his brother and sister. Their interests are coin collecting, chess, Ping-Pong, and he knows his sister would like to learn the saxophone. Which telephone numbers could he call?

32 COLECCIONISMO

(VENDO)

VENDO décimos de lotería de los años 51 y 53. Tel. 28 48 97.
VENDO colección de monedas de plata, olimpiadas Montreal. Tel. 23 58 32.
VENDO gran colección de cajas de cerillas. Y regalo otras tantas vacías. Tel. 71 26 04, tardes.
ESPECIAL para coleccionista vendo máquina de escribir del año 1.910. Tel. 46 58 70.
VENDO colección de ceniceros. Tel. 58 52 30.

33 FILATELIA NUMISMATICA

(VENDO)

VENDO sellos, monedas y billetes, ponerse en contacto con el Tel. 27 35 03, horas comida.
VENDO sellos universales usados. También sobres Primer día y décimos lotería. Tel. 50 56 93 de 12:30 a 18:30 y noches.
VENDO sellos universales en bloques o unidades. Tel. 72 79 15.
VENDO colección 3.000 sellos Universales usados. Tel. 72 79 15.

34 MODELISMO Y MAQUETAS

(COMPRO)

COMPRO maqueta de barco, preferible tamaño grande. Tel. 26 16 98.

35 JUEGOS Y JUGUETES

(VENDO)

VENDO juegos Video Pac Philips. 7.400. Con relieve. 4 juegos. 2.000ptas c.u. Tel. 25 63 52 Alberto.
VENDO Video juego Atari. 6 juegos, 3 mandos diferentes. 17.000 ptas. Tel. 60 05 11.
VENDO video juegos Palson,con 2 cartuchos de 10 juegos cada uno. En perfecto estado. 10.000 ptas. todo. Tel. 46 66 26. (de 20 a 22 horas).
VENDO ajedrez electrónico por 15.000 ptas. Tel. 28 82 91. de 2 a 4 de la tarde.
VENDO vías marca Lima adaptables a Ibertren, escala HO. Tel. 46 96 44.
VENDO mesa de pin pon sin estrenar. Tel. 71 40 43 de 20 a 22 horas
VENDO marco de 70x92, con aro, de baloncesto. Tel. 60 09 98. noches.
VENDO futbolín de madera, (funciona con 25 pta.) ideal para bar. Tel. 28 89 74.

36 DISCOS CASSETTES

(VENDO)

VENDO discos Heavy, a convenir. Andrés (hijo). Tel. 29 02 19.
VENDO Lp de los Rollings Stones para coleccionistas "Throught the past, Karkly" por 500 ptas. 1 lp de Bacara por 500 ptas. y otro lp de los Bee Gees 1.963-69 por 500 ptas. Apdo-513 palma. Gregorio.
VENDO discos antiguos Lps, a 50 ptas. tl 23 39 38.
VENDO lote de discos de Vangelis. Beatles. Blondie, Police, c.u. por 500 ptas y también un saxofón por 4.000 ptas. tl. 63 20 93.

(COMPRO)

COMPRO discos de los Javaloyas, y en gral. de grupos mallorquines años 60. Tel. 45 49 92.

FINANCIACION

Las nuevas fórmulas permiten pagar los objetos hasta en plazos de cuarenta y ocho meses

COMPRAR A PLAZOS, LA GRAN SOLUCION

La fórmula de la compra a plazos pone a nuestro alcance la adquisición de unos bienes duraderos y relativamente costosos que nuestro bolsillo no siempre está en condiciones de pagar de una sola vez. Es la más utilizada por los consumidores para el equipamiento del hogar (electrodomésticos, mobiliario...) y, desde luego, para la financiación de los automóviles y las viviendas.

Las compras a plazos salen más caras cuanto mayor sea el período de pago.

Un real decreto publicado hace escasas semanas mejora las condiciones para la compra a plazos de los electrodomésticos y aparatos de uso en el hogar, y también para lo que se conoce como «bienes de equipo». En la industria, son bienes de equipo las maquinarias y otros equipos de producción. En el hogar, alcanzan la calificación de bienes de equipo las máquinas de coser, bordar o tejer cuando su precio es superior a las 50.000 pesetas.

Estas son las diferencias principales entre la antigua y la nueva normativa:

■ Anteriormente, los plazos para la compra de un aparato de uso doméstico en general, electrodomésticos, televisor, equipo de música, etc., no podían superar los 24 meses y el desembolso inicial (popularmente conocido como «la entrada») era del 35 por 100 del precio al contado de cada artículo.

■ En la actualidad, la norma autoriza, para los aparatos comprendidos entre 15.000 y 750.000 pesetas, a que, con un desembolso inicial del 10 por 100, el resto pueda pagarse hasta en cuarenta y ocho meses desde su compra.

You are interested in this report on personal finance, since there has been a recent change in the law concerning buying on credit (*comprar a plazos*).
1 What is the minimum down payment and longest credit term now possible?
2 Name three purchases for which credit is a favorite choice of payment according to the article.

P

¿Qué opinas de este sistema de compras?

E20

Here is an extract from an article about the attitudes of men and women toward shopping.

1 Do women actually spend more than men?

2 How do young, married couples make decisions concerning their purchases?

3 According to one sociologist, who makes the ultimate decision when:
   a) buying a car
   b) doing the weekly shopping
   c) taking vacations abroad?

Los hombres parecen ser más gastadores, aunque las mujeres se llevan toda la fama.

ACTITUDES
FEMENINAS Y MASCULINAS ANTE EL CONSUMO

Según se desprende de los últimos estudios, hombres y mujeres gastamos más o menos los mismo, aunque las actitudes ante el consumo sean diferentes en función de deseos, estado y necesidad.

El progresivo acortamiento de la jornada y de los días laborales de la semana permite cada vez más horas libres que, consecuentemente, inducen a una más elevada tendencia al gasto. El esparcimiento mediante los espectáculos, actos culturales y viajes turísticos se ha incrementado por este motivo.

Teniendo en cuenta la incidencia de todos los factores sociales y culturales antes mencionados, que condicionan en gran medida los comportamientos de los consumidores, entre los que destaca una progresiva emancipación de la mujer, algunos autores deducen que en la actualidad las decisiones importantes respecto al consumo familiar son tomadas en su mayor parte de una forma conjunta, especialmente entre las parejas jóvenes.

La socióloga Asunción Coronado se muestra, sin embargo, algo reticente ante esta teoría, ya que considera que sigue habiendo una clara diferenciación entre los gastos que cubre la mujer y los que realiza el hombre. «Las mujeres siguen ocupándose de los gastos domésticos, aunque éstos no sean ostentosos. No se trata tanto del precio como de las categorías.» La decisión última del coche, la casa o un viaje al extranjero corresponde al hombre.

LA CESTA DE LA COMPRA

El sector alimentación es el que recoge en mayor medida un acercamiento entre los dos sexos a la hora de gastar. El Instituto Nacional de Consumo revela que el 40% de los compradores de los supermercados son hombres y, de ellos, un 70% acude en solitario y un 30% como acompañante. El que un hombre haga la compra se considera algo normal en la actualidad y su comportamiento respecto al de la mujer no varía excesivamente. Algunos estudios demuestran que el hombre compra de forma más planificada y que es más sensible a las marcas que la mujer. Esta, por otra parte, se muestra más receptiva ante los productos en oferta y tiene más capacidad para la improvisación y el ahorro.

INDEPENDIENTES

Los hombres y mujeres independientes económicamente gastan de forma menos compulsiva que aquellos que dependen de otros, ya que, dueños de su situación personal, no necesitan demostrar nada ante los demás.

Chapter 6
Beber y comer

Seguro que sabes lo que es la paella. Pero España también tiene otros platos típicos que quizás no conoces. ¡Este capítulo te ayudará a comprender el arte de bien comer y beber!

A   Alimentación

E1

While waiting in line in a supermarket, you notice these labels on products in a shopping cart. Which of these items had the customer bought?

	Yes	No
Marmalade		
Rice		
Rolls		
Chocolate mousse		
Sardines		
Potato chips		
Cooking oil		
Cookies		

filetes
de anchoas
en aceite
SPAR

ARROZ Fallera

leche
en
polvo
Reny Picot
DESCREMADA
1% MATERIA GRASA

9 Croissants hojaldrados **Croissants**   CALIÉNTELOS AL HORNO   PANRICO

PALACIO DE ORIENTE Brand   **Mejillones en escabeche picante**

4
PANECILLOS
BiMBO

CONTENIDO MEDIO
PROTEINAS - 5,2 g.
MAT. GRASA MAX. - 0,6 g.
AZUCARES - 18,6 g.
CALCIO - 184 mg.
CALORIAS - 100

INGREDIENTES: Leche desnatada, fermentos lácticos, azúcar, aroma, conservador (E-200) y colorante (E-100)
PESO NETO 130 grs.
CONSERVESE EN FRIO

YOGHOURT SABOR
LIMON
Desnatado

8410 5516

R.S.I. Y DOMICILIO
EN LA BASE

chocolate relleno **con galleta**

CriCo. chocolate relleno **con galleta** Nestlé

PALACIO DE ORIENTE Brand   **Calamares** Trozos **en tinta**

Sopa de
Pollo con Fideos

Potax
Flan suave con azúcar y caramelo líquido

P

¿Qué comprarías tú para llevar de merienda al campo?
¡Habla sobre esto con tu compañero(-a) de clase!

E2

According to this ad, all children love yogurt. Which nine flavors are made by Danone?

Danone sabe más

Sabores de DANONE frescos y naturales, como los quieren los niños. Piña, coco, pera, macedonia, limón, vainilla, naranja, fresa y plátano: nueve sabores, cada uno con su carácter y todos elaborados como sólo DANONE sabe hacerlo. Sabores DANONE, siempre en tu nevera, para que tu hijo pueda elegir los que más le apetezcan.

DANONE
Tu sabor familiar.

YOGHOURT SABOR **FRESA** DANONE
YOGHOURT SABOR **PLATANO** DANONE
YOGHOURT SABOR **LIMON** DANONE
YOGHOURT SABOR **COCO** DANONE

P

a ¿Te gustan los yogures? ¿Qué sabores prefieres?

b ¿Te gustan los helados?

c Haz una lista de productos que se deriven de la leche.

E3

While staying with your penpal, the mother asks you to tell her what food you miss and would like her to buy. You can only think of the names in English and ask her to try and get the following:

a) Cornflakes

b) Sliced bread

c) Potato chips

d) Orange marmalade

e) Strawberry jam

f) Honey

g) Condensed milk

h) Canned fruit.

1 Which of these items were available on special offer at Dia?

2 What was the total cost of those items that she got from Dia?

Leche condensada Dia, 740 grs.	205;	Corn-Flakes Kellogg's, 250 grs.	139;	Pizza Pescanova	247;
Yoghourt natural Dia, pack-4	78;	Galletas tostada Fontaneda, 900 grs.	185;	Coca Cola, 2 litros	165;
Yogur sabores Yoplait, 1 ud.	22;	Galletas campurrianas Cuétara, 800 grs.	143;	Cerveza El Aguila, pack-6	169;
Flan de huevo al baño maría Yoplait, 1 ud.	33;	Surtido Cuétara, 800 grs.	289;	Vino Los Molinos, (tinto y rosado) 750 c.c.	90;
Petit Dia sabor fresa, pack-4	79;	Galletas Príncipe, pack-3	196;	Compresas Ausonia, extraplanas. 20 uds.	154;
El Caserio, 8 porciones	102;	Donuts, 6 uds.	126;	Pañal elástico anatómico Dia, talla grande. 30 uds.	669;
Queso Philadelphia, tarrina 175 grs.	154;	Tortas El Zángano, 12 uds.	147;	Papel higiénico Dia, doble hoja. 4 rollos	99;
Margarina Tulipán, 400 grs.	106;	Patatas fritas Galaxia, 170 grs.	90;	Gel Toja Dermo, 900 c.c.	304;
Aceite oliva Carbonell, 0,4. 1 l.	272;	Espárragos Dia, 16/22 frutos-lata. 390 grs.	237;	Crema Dental Signal, familiar	145;
Chocolate Dia extrafino con leche, 150 grs.	74;	Mayonesa Ybarra, 440 grs.	149;	Suavizante Mimosin, 4 lts.	294;
Crema de cacao Dia, 1 y 2 sabores. 500 grs.	154;	Tomate Frito Orlando, 810 grs.	126;	Punto Matic, 1.520 grs.	407;
Cacao soluble Dia, 500 grs.	158;	Melocotón en Almíbar Dia, 840 grs.	95;	Detergente Dia, 5 Kgs.	529;
Café natural molido Marcilla, 250 grs.	132;	Mermelada Dia, (albaricoque, fresa, melocotón, ciruela) 410 grs.	99;		
Café soluble descafeinado Dia, 200 grs.	469;	Miel Dia, 500 grs.	168;		
Foie-Gras Dia, pack-3. lata 85 grs.	129;	Arroz Dia, 1 Kg.	88;		
Chorizo extra Revilla, 125 grs. sobre	113;	Lentejas castellanas Dia, 1 Kg.	96;		
Atún en aceite vegetal Isabel, pack-3. lata 65 grs.	125;	Starlux cuádruple, 8 pastillas	72;		
Caballa en aceite Isabel, 115 grs.	69;	Pasta para empanadillas La Cocinera, 10 obleas	38;		
Mejillones escabeche Isabel, pack-3. lata 92 grs.	185;	Guisantes Pescanova, 400 grs.	97;		
Lomos de bacalao Supermar, 400 grs.	474;	Pescadilla selecta Pescanova, 1 Kg.	296;		

DIA HORARIO
DE LUNES A JUEVES
De 9 a 13.45 y de 17 h a 20 h
VIERNES Y SABADOS
De 9 h a 14 h y de 17 a 20.30 h

B Bebidas

E4

These labels are from drinks offered in a café.
What are the drinks shown?

A

B

C

D

E

P

a ¿Cuál es tu bebida favorita?

b ¿Prefieres té o café después de comer?

E5

What are the benefits of this drink?

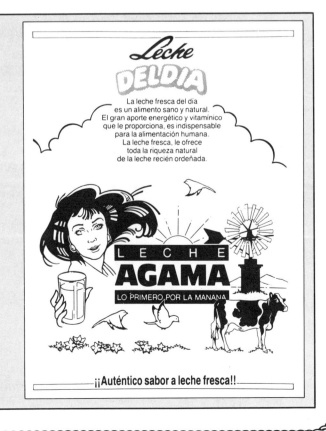

Which three types of coffee are being advertised here?
Can you explain the main differences?

el secreto de Bonka: su mezcla.

BONKA ha salido al mercado con una mezcla de cafés procedentes de Centroamérica. El resultado ha sido un excelente café de clase superior, con un gusto capaz de satisfacer las exigencias del mejor «connaisseur».

Ahora, tras dar a conocer su «tostado natural superior»,

BONKA ha querido ampliar la gama de sus cafés ofreciendo la alternativa de mezclas más cualificadas. Su nueva «Mezcla Fuerte», «Mezcla Suave» y su «Descafeinado» abren de esta forma un amplio abanico de posibilidades para que usted conozca y disfrute, el BONKA que más le guste.

Mezcla suave

Esta mezcla de cafés ha sido especialmente estudiada para los amantes del café suave. Para ello se han seleccionado los mejores cafés procedentes de países centroamericanos, los cuales, mezclados en una determinada proporción, permiten obtener un café de intenso aroma y suave sabor.

Mezcla fuerte

Es una mezcla de cafés estudiada para los amantes del café fuerte. Para ello se han seleccionado los cafés idóneos procedentes de Brasil y de países africanos, los cuales, mezclados en una determinada proporción, permiten obtener un café de agradable aroma y de vigoroso sabor.

Descafeinado

Es una mezcla de los mejores cafés procedentes de países americanos, a la cual, antes de su tueste y mediante un procedimiento especial de NESTLÉ se le ha extraído el 95/97 % de la cafeína. Gracias a ello, las personas sensibles a la cafeína, también pueden degustar una taza del mejor café.

P

¿Cuáles son las diferencias entre un desayuno en tu país y un desayuno español?

E7

Your Spanish friend points out a Spanish specialty in a café. What is it?

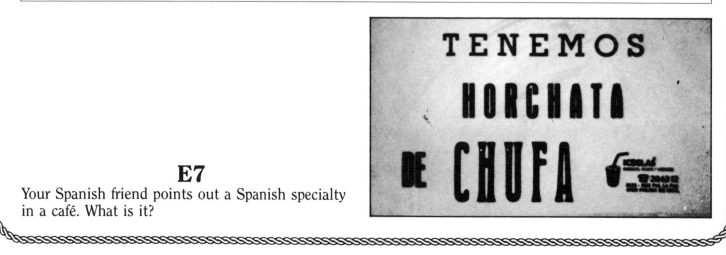

TENEMOS HORCHATA DE CHUFA

C Bares y tapas

A

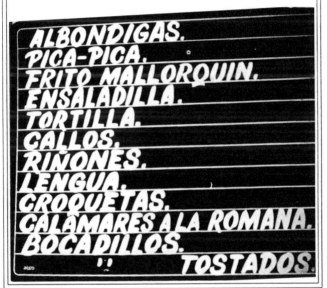

BOCADILLOS
QUESO
CHORIZO
JAMON
SOBRASADA
ATUN, SALCHICHON
ANCHOA

B

BOCADILLOS

CALAMARES	120	Pts
HAMBURGUESA	90	"
SALCHICHAS	90	"
BACON	90	"
TORTILLA	80	"
JAMÓN	120	"
LOMO	125	"
LONGANIZA	85	"
CHORIZO	85	"
QUESO	120	"
Pepito ternera	175	"

C

BAR TECA

BOCADILLOS	Pts
SALCHICHAS	65
LOMO	100
QUESO	95
JAMÓN	90
TERNERA	100
CALAMARES	90
ANCHOAS	55
CHORIZO PLANCHA	75
LONGANIZA	55

E8

You are out with some friends and you all want a sandwich. Which bar (**A, B, or C**) would you go to if you wanted a cheese sandwich, and your friends wanted ham and Spanish omelette sandwiches?

E9

In addition to sandwiches, this bar offers a selection of *tapas*. You want some potato salad – is this available?

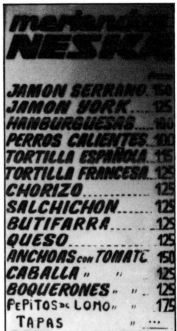

ALBONDIGAS.
PICA-PICA.
FRITO MALLORQUIN.
ENSALADILLA.
TORTILLA.
CALLOS.
RIÑONES.
LENGUA.
CROQUETAS.
CALAMARES A LA ROMANA.
BOCADILLOS.
also TOSTADOS.

E10

How much would it cost to have a hamburger and a hot dog in this bar?

merienda NESKA

JAMON SERRANO	150
JAMON YORK	125
HAMBURGUESAS	100
PERROS CALIENTES	100
TORTILLA ESPAÑOLA	115
TORTILLA FRANCESA	125
CHORIZO	125
SALCHICHON	125
BUTIFARRA	125
QUESO	125
ANCHOAS con TOMATE	150
CABALLA " "	125
BOQUERONES " "	125
PEPITOS de LOMO " "	175
TAPAS "	...
CAFE - LICORES	...

E12

Is there any restriction on those who may want to take advantage of this menu?

Plato Combinado "Joven"

· Spaguettis con salsa Milanesa.
· Steak de Jamón.
· Helado "Aviconito".

500 Pesetas

E11

Later you find a couple of bars offering a choice of meals. Which of these bars (**A or B**) gives you better value for your money?

A   B

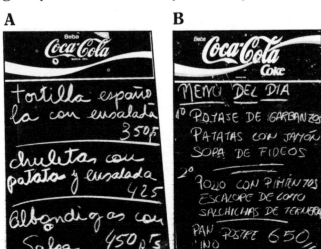

Beba Coca-Cola

tortilla españo
la con ensalada
350 P

chuletas con
patatas y ensalada
425

albóndigas con
salsa 450 pts

Beba Coca-Cola Coke

MENU DEL DIA

1º POTAJE DE GARBANZOS
PATATAS CON JAMON
SOPA DE FIDEOS

2º POLLO CON PIMIENTOS
ESCALOPE DE LOMO
SALCHICHAS DE TERNERA

PAN POSTRE 650
VINO

MERIENDAS ESPECIALES

CHOCOLATE CON CHURROS	250 PESETAS
TARTA VARIADA Y CAFE CON LECHE	350 PESETAS
TORTITAS CON NATA Y SIROPE Y CAFE CON LECHE O CHOCOLATE	350 PESETAS
SANDWICH GIGANTE Y REFRESCO	550 PESETAS

E13

At what time of day is this menu suitable?

P

Haz con tu compañero de clase una lista de las diferencias principales entre un bar español y un bar de tu país.

D   Restaurantes y comidas

E14

Here is a choice of restaurants! Match the
advertisements **A–E** with the following pieces
of information.

1 Offers Latin American specialties.
2 Specializes in seafood dishes.
3 Claims to be the best fish restaurant in
  Madrid.
4 Three restaurants with authentic
  Mexican cooking.
5 It is called The Fisherman.

A

El Pescador
MARISQUERIA - RESTAURANTE
José Ortega y Gasset, 75-Tel. 402 12 90 - MADRID-6

B

RESTAURANTE

L'Empordà
Cocina
de Mar y Montaña

C/. Comandante Zorita, 32
MADRID 28020
Tels.: 253 93 42 — 254 20 53

C

PARRILLA Y ASADOR
LA RUEDA

Restaurante Uruguayo

LA RUEDA

Rosellón, 266
Tlf.: 258 53 50

La Carreta
Balmes, 358
Tlf.: 211 41 96

D

RESTAURANTES MEXICANOS

**auténtica
comida
mexicana**

"EL CHARRO"
SAN LEONARDO, 3. T. 247 54 39

MEXICO LINDO
PZA. REP. DEL ECUADOR, 4. T. 259 48 33

¡! A TODO MEXICO !!
SAN BERNARDINO, 4. T. 241 93 59

MADRID

E

Los Remos
mariscos
pescados
Restaurante

El mejor
«Puerto de Mar»

Crta. Madrid-La Coruña Km. 12.700
Tels.: (91) 207 72 30 / 207 73 36 / 207 78 83
(La Florida) — MADRID

P

a ¿Hay buenos restaurantes en tu barrio/ciudad?
b ¿De qué nacionalidad son?
c ¿Te gusta la comida española?
d ¿Qué tipo de comida te gusta más?

PARA COMER, CENAR CON AIRES MARINEROS. En el RESTAURANTE ES REPOS en Portals Vells, en lo que se refiere a comida todo tipo de pescado fresco, langosta, bogavantes, y su especialidad: la paella. Para cenar todo a la parrilla, sardinas, todo tipo de pescados, carnes y su especialidad el pa amb oli con jamón, con el pan hecho a la parrilla.

. . . .

ESTA SEMANA LE PRESENTAMOS UN NUEVO RESTAURANTE en nuestras páginas. El CELLER CA'N MIQUEL en la calle Galatzó, 8, de Paguera. Especialidad en cocina mallorquina, como por ejemplo, lechona rellena de langosta, conejo con cebolla, calamares rellenos de gambas y mejillones a la marinera, sin olvidarnos de los típicos caracoles.

SUGESTIVO, ACOGEDOR y AGRADABLE SE PUEDE DENOMINAR EL RESTAURANTE PORTONOVA en el Paseo del Mar, 2, de Palma Nova, cuya dirección de cocina corre a cargo del conocido Cheff Antonio Castillo. Especialidades en carnes, caza, pescados y mariscos, y preparado con salón para bodas y banquetes.

. . . .

LA COCINA ASTURIANA EN EL RESTAURANTE SIDRERIA RINCON DE ASTURIAS, una selección de las mejores recetas de la tierra asturiana se encuentran en la carta de este restaurante situado en la calle Ramón Berenguer, 36.

. . . .

LA SELECTA COCINA CHINA EN EL RESTAURANTE CHINO GRAN DRAGON, con las mejores especialidades y con varios platos más incorporados recientemente a su carta. El ser el número uno requiere estar siempre ofreciendo lo mejor a sus clientes, y esto es lo que hace TONY YOH.

. . . .

COCINA MEDITERRANEA EN LA LUBINA, con especialidades en pescados y mariscos frescos, un restaurante con vistas, calidad y buen servicio, así como unos precios acordes con su calidad, se encuentra enfrente de la Trasmediterránea.

. . . .

COCINA MALLORQUINA EN CA'N MATIAS I MIQUEL, además de especialidades tales como: paletilla de cordero, cochinillo, caldereta de pescado, carnes y pescados frescos, lo encontrará en la carretera de Manacor, km. 4.

. . . .

E15

You see an article concerning a selection of restaurants in a local paper in Majorca.

Where would you go if you wanted the following?

1 Local dishes

2 Chinese food

3 A seafood restaurant with a view

4 A private dining room

5 Cider to drink with your meal.

E16

Check the facts about this restaurant.

1 It is reopening after remodeling.

2 There are rooms for private parties.

3 Someone will park your car for you.

4 There is a pianist four nights a week.

5 You can have lunch there on Saturdays.

6 You can have dinner there on Mondays.

7 You can call to make reservations.

8 The chef's name is Serrano.

	√	×
1		
2		
3		
4		
5		
6		
7		
8		

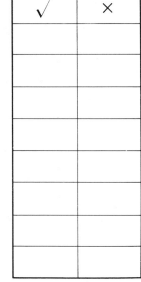

E17

In Vigo, there are plenty of seafood restaurants. Three friends decide to go out for a meal to Casa Diego. Joanna likes rice dishes and Sandra likes sardines. Ramón hates fish of any kind and only eats chicken. What can they order from this menu?

E18

One day on vacation, you see a restaurant displaying a very reasonable fixed-price menu. Your mother loves soup and fish; your father likes vegetables and dislikes fish; and the only things your younger brother will eat are pasta and sausages!

Suggest what they might order, using the table below.

Course	Mother	Father	Brother
First			
Main			

A todas horas

La zona del marisco empieza en

Casa Diego

Marisquería, freiduría, pulpería, ostrería y restaurante

Ribeira n.º 15 - Teléfono 223068 - VIGO-2

CASA DIEGO, PIONERA DE LA ZONA DEL MARISCO DE VIGO, dispone de fresca terraza junto al puerto pesquero a la sombra de los arcos (peirados) de las viejas casas de la ribera, donde usted puede degustar los más variados mariscos de nuestra famosa cocina.

Maestros en pescados y mariscos...

Mariscada Gallega con Langosta
Parrillada de Marisco de la Casa
Parrillada de Pescado
Fritura de Pescaditos "A Ria"
Besugo, Lubina, Dorada y otros "A la Sal"
Caldereta de Pescado y Marisco
Caldeirada de Pescadores
Pescado a la Gallega

Besugo a la Espalda
Lenguado Menier plancha o frito
Pescado en Papillote
Bonito con Tomate o la Plancha
Paellas Marineras Delicias de Ria
Calamares a Roda Roda
Pulpo a Feira
Sardinas asadas delicia de Galicia

...y en carnes del país

Chuletón de Moaña, Bombón de Solomillo, Chulas y Filetes, Chuletas de Cordero y Cerdo, Ternera, Cordero y Jamón Asado, Pollo frito o asado.

Además

Paté de Pescado, Caldo Gallego, Empanadas Gallegas, Tapas Frías y Calientes, Filloas gallegas, Cafe MANOLIÑO especial del patrón, Tarta de Santiago, Helados, QUEIMADA al Conxuro, Queimada para uno y maravillosos Vinos del País.

P

a ¿Qué te gustaría comer de este menú: pollo, albóndigas o qué?

b ¿Comes en la cantina del instituto? ¿Qué te parece la comida? ¿Cuál es tu plato preferido?

MENU DEL DIA

Gazpacho
Spaguetti Italiana
Macarrones Boloñesa
Verdura al vapor
Ensalada variada

Butifarra con judías secas
Buñuelos de bacalao
Bacalao con tomate
Salchichas con tomate
Pollo al horno
Callos a la Riojana
Albóndigas en salsa
Pescadito frito
Sardinas en escabeche

PAN Y VINO 490 *pts.*

MENU ESPECIAL

Entremeses variados
Gazpacho especial
Cocktail de marisco
Sopa de pescadores
Melón con jamón
Ensalada mixta

Truchas a la Navarra
Merluza a la Romana
Lenguado Meuniere
Entrecot con guarnición
Tournedó Aranjuez
Cordornices vinagreta
Escalope Milanesa

PAN Y VINO 1.200 *pts.*

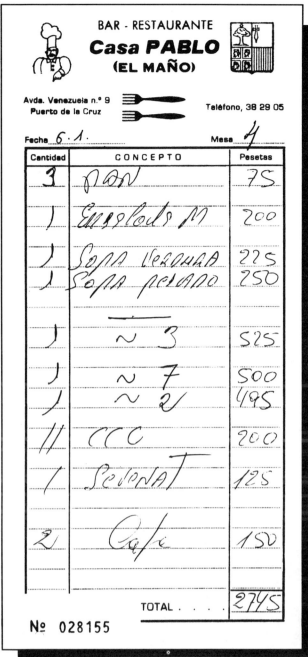

A

B

E19

It is very pleasant to have a meal out. See if you can find out who ate what, where, and when.

1 How many people ate in each restaurant?
2 What season was it?
3 Where were they on vacation?
4 How many people had salad on each occasion?
5 At Casa Pablo, how many people started with soup?
6 Was there a charge for bread at either of the restaurants?
7 Which table was occupied at Casa Pablo?
8 Where did one person have rabbit?
9 At which restaurant did the diners not have coffee after the meal?
10 Which table was occupied at the Maracaibo?

P

a ¿Comes de vez en cuando en un restaurante? ¿Te gusta comer fuera?
b ¿Has ido alguna vez a un restaurante para celebrar algo especial? Explica las circunstancias.

E Recetas

E20

You have brought back a box of custard pudding from Spain, and you want to try making it at home. Unfortunately, you have ripped the box. Can you put illustrations **A–D** in the right order according to the instructions?

A

B

D

C

flan con caramelo líquido

Forma de preparación del flan

De medio litro de leche se separa una taza en la que se deslíe completamente el contenido del sobre, deshaciendo los posibles grumos con una cuchara. El resto de la leche se pone a hervir.

Cuando empiece a hervir se añade el contenido de la taza agitando bien y se mantiene en ebullición por dos minutos agitando de vez en cuando. Se retira del fuego, se pone en los moldes bañados con el caramelo líquido Alsa (ver instrucciones en la bolsita de caramelo), y se deja enfriar.

P

a ¿Preparas algunas veces la comida en tu casa?

b ¿Tienes un plato preferido? ¿Cómo se hace tu plato preferido?

c ¿Sabes preparar una tortilla de patata?

A

Merluza a la sidra

Preparación: 10 m. Cocción: 20 m.

INGREDIENTES

1 merluza 700 g. aproximadamente, 200 g. de guisantes (peso neto), 100 c.c. (½ vaso) de sidra, 5 cucharadas de aceite, 1 cebolla, 2 dientes de ajo, una ramita de perejil, sal, pimienta.

PREPARACION

Dora un diente de ajo en el aceite, retíralo y cuando el aceite esté tibio añade la cebolla rallada y el otro diente de ajo y el perejil picado.
Rehógalo a fuego suave, durante unos 10 minutos, agrega los filetes de merluza, tal como salen del estuche, sazonados con sal y pimienta y cuécelos durante 5 minutos a fuego suave; vierte la sidra, añade los guisantes y déjalo cocer, agitando la cazuela continuamente, unos 10 minutos más.

B

E21

Here are two mouthwatering recipes which you are tempted to try!

Recipe A

1 How long does it take to prepare?

2 How long does it take to cook?

3 Which ingredients do you need to fry first along with the parsley?

4 Then what do you add?

5 Finally, what liquid is added along with the peas?

Recipe B

1 Is this a recipe for an appetizer or a dessert?

2 What are the main ingredients apart from cherry liqueur?

Copas Costa Azul

Preparación: 15 m.

INGREDIENTES

500 g. de fresones, 2 cucharadas de azúcar, 2 cucharadas de helado de chocolate Camy, 2 cucharadas de kirsch.

PREPARACION

Limpia los fresones y pásalos con el azúcar por la batidora (reserva algunos para decorar); agrega el licor y el helado.
Viértelo en copas, decóralo con el resto de los fresones y déjalo en el refrigerador hasta el momento de servirlo.

F   Informes

You come across two articles which give advice to the consumer on different types of food and drink.

E22

The first gives details about a Ministry of Agriculture publication.
1 What is the subject of this publication?
2 Name three sections included in this publication.
3 How does the reviewer rate this book?

P

a ¿Comes legumbres, carne, pescado y fruta con frecuencía?
b ¿En qué consiste una dieta sana?
c ¿Qué es lo que no te gusta comer?

UN EJEMPLAR DE CERDO

Todo un ejemplar de cerdo; de cerdo ibérico, nada menos. Con 200 páginas y maravillosamente editado. En él se cuenta todo sobre este animalito que tantas satisfacciones nos da: su historia, cómo llegó a la península, cómo sobrevivió, dónde se cría... El ejemplar en cuestión se llama *Una imagen de calidad. Los productos del cerdo ibérico*, y está editado por el Servicio de Publicaciones del Ministerio de Agricultura, Pesca y Alimentación. Además de hacer una amplia descripción de todos los productos que salen del cerdo ibérico, todos exquisitos –del cerdo me gustan hasta los andares–, se añaden una extensa colección de recetas tradicionales y consejos rituales para comer su más exquisito manjar, el jamón ibérico. ¿Cómo ha de cortarse?, por ejemplo: en contra de los equivocados defensores del taquito, el jamón ibérico debe cortarse en lonchas muy finas, casi transparentes, como virutas. Todo un despliegue de cerdo –con perdón– que nos acerca más a este gratificante bicho. Puede solicitarse contra reembolso al Servicio de Publicaciones del Ministerio de Agricultura, paseo Infanta Isabel, 1, 28014, Madrid; 2.000 ptas.

Por el procedimiento de preparación, y por tratarse de una industria de gran implantación y muy experimentada, lo cierto es que las sopas y caldos deshidratados no presentan el menor problema desde el punto de vista sanitario. Todas las marcas cumplen los requisitos de elaboración y etiquetado. Y, sobre todo, el proceso específico de realización a altas temperaturas, que representa en la práctica una esterilización, aleja los riesgos de contaminación y otros peligros de índole sanitaria.

Pero quizá el mayor reproche que se dirige a los caldos y sopas deshidratados es el de su escasa calidad nutritiva. Estos son, según se declara en etiquetas, los principales componentes de sopas y caldos:

■ En los caldos, las grasas comestibles, el cloruro sódico (sal), los extractos de carne y vegetales, hidrolizados de proteínas, vegetales deshidratados, condimentos, especias y aromas y aditivos autorizados.

■ Las sopas incorporan, además de los anteriores ingredientes, pastas alimenticias, harinas, sémola, porciones de productos vegetales o animales y aditivos autorizados.

La aportación de proteínas es variable, mayor en los caldos de carne y en las sopas de ave que en las vegetales; también abundan más las grasas en las sopas y caldos de carne. El máximo de hidratos de carbono se encuentra en las sopas de pasta y sémola. En cuanto a las vitaminas, de mayor presencia en los compuestos de vegetales, la proporción es reducida con respecto a las mismas verduras frescas.

En resumen, ¿cuáles son las ventajas e inconvenientes de sopas y caldos deshidratados?

Las sopas y los caldos deshidratados son productos de muy larga tradición en nuestra cocina, que han sabido renovarse y mantenerse en continuo crecimiento. Aunque todavía estamos por debajo de las tasas de consumo europeas, cada español toma al año unos 12 litros de caldo y dos de sopa, confeccionados a partir de preparados deshidratados.

CHEQUEO a las sopas de sobre

■ Entre las ventajas, en primer lugar destacan la sencillez de preparación y lo económico de su precio. Resulta mucho más barata una sopa «de sobre» que una sopa casera, por razones de economía de escala. Los fabricantes adquieren enormes proporciones de alimentos, con lo que el coste absorbe el proceso de elaboración y comercialización.

▼

Todas las sopas y caldos industriales pueden servir de base para presentaciones más complejas. De los recetarios que facilitan las marcas comerciales se pueden sacar excelentes ideas.

■ Una ventaja añadida reside en la posibilidad de «mejorar» un producto deshidratado. Se puede hacer con las sopas, pero sobre todo con los caldos. Los «cubitos» y pastillas de concentrado se utilizan, sobre todo, para aumentar el sabor de otras muchas preparaciones. En cuanto a las sopas, su calidad alimenticia aumenta con la adición de huevo cocido picado, trocitos de jamón...
■ ¿Son más nutritivas las sopas caseras? No se puede hacer una afirmación de principio. Las sopas y caldos deshidratados tienen una composición equilibrada, mientras que en una preparación casera se puede poner todo el acento en los aspectos nutritivos. En general, las sopas no son el «plato fuerte» de la alimentación. Proporcionan energía, disponen el estómago favorablemente para la ingestión de otros componentes del menú... Idéntico papel cumplen las sopas caseras que las de sobre.
■ El gran inconveniente de sopas y caldos deshidratados reside, sin duda, en el sabor. Son mejores las caseras.

E23

The second article concerns packaged soups. According to the article:
1 How "safe" are packaged soups? Give reasons for your answers.
2 How nutritious are they? Give details.
3 What are their two great advantages?
4 How else can they be used, other than as a first course?
5 How do companies promote this product?
6 What is the one great disadvantage of these soups?

E24

Everyone knows that true champagne is produced only in France. However, this article mentions Majorcan champagne.

1 What are the factors that make it possible to produce sparkling wines in Majorca?
2 What sort of wine is Jaime Mesquida already famous for?
3 To make champagne, what is added to the grape juice after pressing?
4 How long are the bottles stored in a horizontal position?
5 When the process of removing sediment has been completed, what sort of champagne is produced if nothing more is added?

El primer cava mallorquín: cuestión de fe y de experimentación

■ Jaime Mesquida: «El clima de las islas, así como el resto de las condiciones naturales de la isla, pueden hacer permisible la buena cosecha y crianza de uvas para fabricar un cava de calidad, un cava que sea capaz de ser vendido y aceptado, un champán, en definitiva, raro y de gran calidad»

No hay nada seguro aún. Estamos experimentando y en un proceso como éste todo puede venirse abajo por cualquier nimiedad.

Pero... ¿cómo se hace el champagne?

J.R.R.

Lo primero que hay que hacer es escoger las uvas de las variedades apropiadas, se meten en la prensa los racimos enteros y se aprovecha para el cava lo que resulta de apretar por primera vez, lo que queda es el mosto. Luego se desinfecta y se procede a fermentarlo a temperatura controlada. El azúcar se transforma entonces en el alcohol y el mosto en vino. Se le añade azúcar de caña en una especie de jarabe y levaduras secas de Alsacia, se tapa la botella y se deja reposar en posición horizontal durante un mínimo de nueve meses, preferiblemente a 11-15ºC. Las levaduras se autolizan y forman unos posos que hay que quitar en una segunda operación de reposo, esta vez la botella en vertical progresiva, sufriendo unos giros cada número determinado de horas, mediante los cuales hacen que el poso se deposite en el cuello. Luego estos residuos se sacan por la presión del mismo gas carbónico o congelándolos en salmuera. La diferencia entre un *brut* natural, seco, y un champán dulce es que cada botella de *brut* se rellena con cava simplemente y al dulce se le añaden unos jarabes azucarados.

Juan Riera Roca

La noticia de que el famoso vinatero Jaime Mesquida, de Porreres, va a intentar, fabricar el primer champán mallorquín—cava o vino espumoso, más correctamente—ha saltado a la actualidad balear como una pequeña e imprevista chispa: ¿Un champán mallorquin? ¿Cómo, quién, cuándo...?

Puede parecer arriesgado el intentar una producción como ésta en una *Comunitat Autónoma* como la nuestra en la que los vinos no tienen una fama muy buena. Sin embargo, Jaime Mesquida opina que debe arriesgarse, que puede tríunfar tal como lo han hecho sus tintos y que el clima de la Isla, así como el resto de sus condiciones naturales, puede hacer permisible la buena cosecha y crianza de uvas para fabricar un cava de calidad, un cava que sea capaz de ser vendido y aceptado, aunque no masivamente y sin una gran producción; repitiendo las palabras de Mesquida, «un champán raro y de gran calidad».

Chapter 7
Servicios públicos

Dondequiera que vayas, tendrás que utilizar algún servicio público, por ejemplo la aduana, el banco, correos o la comisaría. (¡Ojalá que no tengas ningún problema durante tus vacaciones!)

A Información general

E1

These useful telephone numbers for various services in Santander were printed on this paper bag. Which number would you dial:

1 in case of fire
2 to call an ambulance
3 to report a water leak
4 for information about train schedules
5 to get a taxi?

Concesionario Servicio Asientos Vía Pública

TURNOS
6 a 14
14 a 21
21 a 6

N° 029183 A **25 ptas.** IVA inc.

Billete personal e intransferible. Valedero para el turno expedido. Consérvese a disposición de los empleados que lo soliciten.

D.N.I. 36.778.162-N

E2

It is a hot summer's day and you are waiting for your friend's mother to finish shopping. You decide to sit on one of the many benches in a nearby park. Suddenly an official-looking man comes up to you, but you do not understand what he is saying. Another person shows you this ticket.

1 What are you being asked to pay for?
2 How long is the ticket valid in the afternoon?
3 Can it be used again in the evening?

E3

You want to sell your camera so you decide to place an ad in a newspaper.

1 Name the two ways that an ad can be placed in *ABC*.
2 Which four facts must you give about yourself?
3 Which two other facts are you asked to give?
4 Your text comes to seven words. How much will that cost?
5 Is there any tax?
6 How many days after your coupon is received could you expect the ad to appear?

CACHET
LA BOUTIQUE DEL PAPEL
CERVANTES, 10 — TEL. 312169

PALACIO DE LA MAGDALENA SANTANDER

TELEFONOS DE URGENCIA

Aeropuerto	251004	Guardia Civil	221100
Averías de Agua	331508	Guardia Civil Tráfico...	236812
Averías de Luz	210600	Policía Nacional	337300
Averías de Gas	223950	Policía Municipal	092
Bomberos Municipales	333888	Policía Municipal (Patr.)	091
Casa Socorro	211214	Radio Taxi	333333
Cruz Roja (Serv. Ambul.)	273058	Renfe	210288
Cruz Roja del Mar	273661	Residencia Cantabria ..	332000
		Valdecilla (Casa Salud).	330000

PUEDE VD. TENER ACCESO A NUESTRA SECCION DE ANUNCIOS POR PALABRAS DE ESTAS DOS FORMAS

1. Mediante una Agencia de Publicidad.
2. Directamente desde su domicilio, utilizando el adjunto CUPON y enviándolo a A B C. Publicidad. Serrano, 61, 28006. Madrid

CUPON DE INSERCION
ANUNCIANTE

Nombre ....
Dirección ....
Teléfono .... Población ....
TEXTO DEL ANUNCIO   SECCION ....

Dias de inserción .... Total palabras...........

COSTE DEL ANUNCIO

De una a tres palabras: **303 ptas.** Cada palabra más: **101 ptas.**

Estos precios son por inserción y está incluido el IVA.

Calcule el importe e incluya en el envio un talón bancario, nominativo, a favor de **PRENSA ESPAÑOLA, S. A.**

La publicación de los anuncios se efectuará, como mínimo, a las cuarenta y ocho horas de su recepción.

P

Escribe el texto de tu anuncio.

B   Iglesia

España es un país predominantemente católico y la religión ha tenido siempre importancia en la historia de los españoles.

E4

Your friend suggests that you visit this area. Which buildings can be seen?

E5

On the way out you see this sign.

What is being asked for and why?

LA LLAMADA

EN RADIO DENIA SER 92'5 FM
TODOS LOS DOMINGOS
A LAS 10'00 h.
(Después de los Servicios informativos)

**UN PROGRAMA QUE CAMBIARA
TU VIDA**

E6

You are interested in religious programs on the radio. When could you hear this one?

¿Yo, pecador?
¡Yo no he hecho mal a nadie!

E7

Later on you are handed this flier in the street by a group of people. State briefly what you are being asked to consider.

¿Yo, pecador?
¡Yo no he hecho mal a nadie!

Querido amigo, quizá alguna vez Vd. ha dicho estas palabras. Le pedimos con toda cortesía que pare un momento, y que lea este pequeño folleto.

¿De verdad no es pecador? ¿De verdad no ha hecho NUNCA mal a nadie?

C Banco

E8

You wish to change some travelers checks into Spanish currency. Where would you go: to **A** or **B**?

COMPRO ORO PLATA, MONEDAS, ETC.
HORARIO DE 10 A 2 Y 4 A 8
DIAS: LUNES A VIERNES
PRAL DCHA

A

B

CAJA DE AHORROS DE LA INMACULADA

Mercado de divisas

DIVISAS	Comprador – Pesetas	Vendedor – Pesetas
1 ecu	136,829	137,171
1 dólar EE UU	124,508	124,820
1 dólar canadiense . .	102,022	102,278
1 dólar australiano . .	99,575	99,825
1 franco francés	19,370	19,418
1 libra esterlina	211,755	212,285
1 libra irlandesa	176,130	176,570
1 franco suizo	78,322	78,518
100 francos belgas	312,858	312,642
1 marco alemán	65,629	65,693
100 liras italianas	8,853	8,875
1 florín holandés	58,093	58,239
1 corona sueca	19,176	19,224
1 corona danesa	17,159	17,201
1 corona noruega . . .	18,007	18,053
1 marco finlandés ...	27,705	27,775
100 chel. austriacos. . .	931,684	934,016
100 esc. portugueses . .	80,749	80,951
100 yenes japoneses . .	93,171	93,405
100 dracmas griegos . .	81,997	82,203

E9

Knowing you understand Spanish, some of the other guests in your hotel ask you to help them work out their finances.

1 The Irish lady needs to change some money. How many pesetas will she get for an Irish pound?
2 The Belgian couple only have 1000 francs left. How many pesetas will they get?
3 The Swedish boy is going home tomorrow and wants to change his pesetas. How many will he have to give for each crown he receives?

P

a Al cambiar $10, ¿cuántas pesetas recibirías?
b Tú eres el cliente y tu compañero(-a) es el empleado/la empleada. Quieres cambiar dinero, pero no tienes el pasaporte. ¿Qué pasa?

E10

When you change money in a Spanish bank, you will probably get a receipt like the one shown here.

1 Which currency was being exchanged for pesetas?
2 On what date was the money changed?
3 What was the rate of exchange?
4 How much commission was charged?
5 What was shown for identification?
6 What time of day was it?

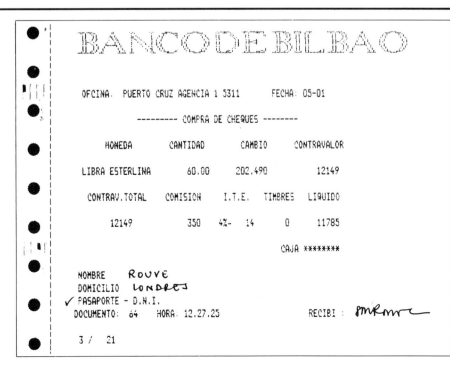

BANCO DE BILBAO

OFCINA. PUERTO CRUZ AGENCIA 1 5311   FECHA: 05-01

-------- COMPRA DE CHEQUES --------

MONEDA	CANTIDAD	CAMBIO	CONTRAVALOR
LIBRA ESTERLINA	60.00	202.490	12149

CONTRAV.TOTAL	COMISION	I.T.E.	TIMBRES	LIQUIDO
12149	350	4%- 14	0	11785

CAJA ********

NOMBRE   ROUVE
DOMICILIO LONDRES
✓ PASAPORTE - D.N.I.
DOCUMENTO: 64   HORA. 12.27.25   RECIBI : *rouve*

3 / 21

D Aduana

E11

Which sign (**A, B, or C**) would you follow if you had something to declare?

A
Circuito verde
Nada que declarar

B
Aseos hombres

C
Circuito rojo
Objetos a declarar

P

Imagínate que estás pasando por la aduana, y ves a un turista que tiene muchas cosas escondidas. Está hablando con el aduanero. ¿Qué están diciendo?

E12

According to this extract, what is the maximum time you can stay in Spain before having to report to a police station?

Pasaporte y aduana

A España puede usted llegar en avión, en barco, en tren, en automóvil, en «moto», en bicicleta o andando. Basta con que al llegar a la frontera o a la aduana enseñe usted su pasaporte y le pongamos un sello. En algunos casos hace falta un visado que le facilitará el Consulado de España más próximo al lugar de su residencia. Si desea prolongar su estancia en España más allá de tres meses, diríjase, estando próximos a cumplirse, a la Comisaría más próxima.

En la aduana, según que el funcionario esté de un humor o de otro, le preguntarán si tiene algo que declarar o le rogarán amablemente que abra usted sus maletas. Si, como esperamos, pertenece usted al grupo de las personas honorables, esta apertura de valijas será un rápido y rutinario formulismo sin mayores consecuencias.

P

Con tu compañero(-a) de clase, habla sobre lo que hace un aduanero, y por qué.

E Comisaría

If you are unfortunate enough to lose your belongings or to have them stolen, you will need to go to a police station to complete an official form (like Mr. Walsh) or obtain a declaration of loss form (like Mrs. Vevers) for your insurance policy. What, in fact, had happened to Mr. Walsh and Mrs. Vevers according to documents **A** and **B**?

Ministerio del Interior

DIRECCIÓN GENERAL DE LA POLICIA

1. **DATOS PERSONALES**

Apellido ___WALSH___

Nombre ___JAMES___

Lugar de nacimiento ___NEW YORK___

Fecha de nacimiento ___13/3/60___

Nombre del padre ___JAMES___

Nombre de la madre ___ELIZABETH___

Nacionalidad ___AMERICAN___

Profesión ___OFFICE MANAGER___

Estado civil ( ) Soltero-a (X)
Casado-a ( ) Viudo-a ( )
Divorciado-a ( ) Separado-a ( )

Domicilio en su país ___458 CENTRAL___
___EVANSTON, ILLINOIS___

Dirección en España ___LOS PELICANOS 223___
___BENIDORM___

Pasaporte Nº ___1024501963___

Expedido en ___CHICAGO___ Fecha ___8/9/90___

Documento de identidad Nº ....

Expedido en .... Fecha ....

2. **CIRCUNSTANCIAS DE LOS HECHOS**

a) Modalidad
(X) Pérdida ( ) Hurto al descuido
( ) Robo con intimidación
( ) Hurto ( ) Estafa
( ) Objetos recuperados

Tipo
( ) Turismo
( ) Motocicleta
( ) Veh. vivienda

( ) Robo vehículo
( ) Robo interior del vehículo

Matrícula ....

Marca ....

Color ....

Propietario ....

Daños ....

b) Lugar y hora de los hechos

Ciudad ___BENIDORM___ Calle ___AL AEROPUERTO___

Establecimiento ...... Fecha ___11/6/91___ Hora ___15.00h___

NOTAS
(1) Por favor, rellene este impreso con letra mayúscula.

DILIGENCIA: En la Comisaría de ....
se extiende la presente denuncia por:

c) Autores
( ) Hombre-s Nº ....
( ) Mujer-es Nº ....
( ) Edad .....Estatura .....Complexión: .....
( ) Gruesa ( ) Media ( ) Delgada
Raza:
( ) Latina ( ) Germana
( ) Oriental ( ) Negra
( ) Arabe ( ) Gitana

3. **OBJETOS EXTRAVIADOS, SUSTRAIDOS O RECUPERADOS**
( ) Dinero en efectivo   Valor:
(X) Cheques de viaje Nº ___EC 13544333-352___
     Expedidos por: ___VISA___ Valor: ___$500___
( ) Talonario de cheques
( ) Tarjeta de cheques
( ) Tarjeta de crédito
( ) Pasaporte
( ) Documento de identidad
( ) Permiso de conducir
( ) Documentación del vehículo
( ) Carta verde de seguros
( ) Certificado de vacunación
( ) Documento del seguro médico
( ) Tarjeta de albergues juveniles
( ) Tarjeta de camping
( ) Tarjeta de estudiante
( ) Otrós documentos
(X) Billetes (X) Avión ( ) Tren
     ( ) Barco
     Procedencia: ___NEW YORK___ Destino: ___ALICANTE___
     Compañía expedidora: ___THOMSON___
( ) Joyas ( ) Reloj de pulsera
( ) Collar ( ) Pulsera ( ) Sortija
( ) Pendientes ( ) Colgante
( ) Otros
( ) Cámara fotográfica   Marca:
     Tomavistas   Marca:
( ) Flash   Marca:
( ) Accesorios fotográficos
( ) Prismáticos   Marca:
( ) Radio y/o cassette   Marca:
( ) Máquina de afeitar   Marca:
( ) Gafas graduadas
( ) Gafas del sol ( ) Ropa
( ) Zapatos
( ) Bolsa y objetos de aseo
( ) Maleta o bolsa de viaje
( ) Mochila ( ) Bolso de mano
( ) Cartera o monedero
( ) Tienda de campaña
( ) Saco de dormir ( ) Llaves
( ) Caravana
( ) Placas de matrícula
( ) Rueda de repuesto
( ) Herramientas
( ) Otros

Firma:

DILIGENCIA: Se remite la presente
denuncia el ....

Madrid, a   de   de 199
EL INSPECTOR DE GUARDIA

( ) = Marcar con X.

Cuenta una historia que se titula 'Robo en la playa'.

313ª COMANDANCIA DE LA GUARDIA CIVIL   DTO. INFORMACIÓN CALA D'Or

D. FEDERICO MARTÍN RODRIGUEZ, Guardia segundo con destino en las unidades anteriormente reseñadas hace constar: ....

Que a las quince horas del día uno de Septiembre de mil novecientos ochenta y ocho se presentó en estas dependencias el que mediante su pasaporte acredita ser MRS VEVERS de nacionalidad canadiense residiendo eventualmente en Cala D'or el cual manifiesta haber extraviado una cámara de fotos valorada en trescientos cincuenta dólares. ....

Cala D'or 1 de Septiembre de 1991
El Guardia de Servicio.

Fdo: FEDERICO MARTÍN.

F Seguros

You have vacation and travel insurance but you are interested in seeing that accidents in the home can also be covered. You discuss the information in this ad with your penpal's family.

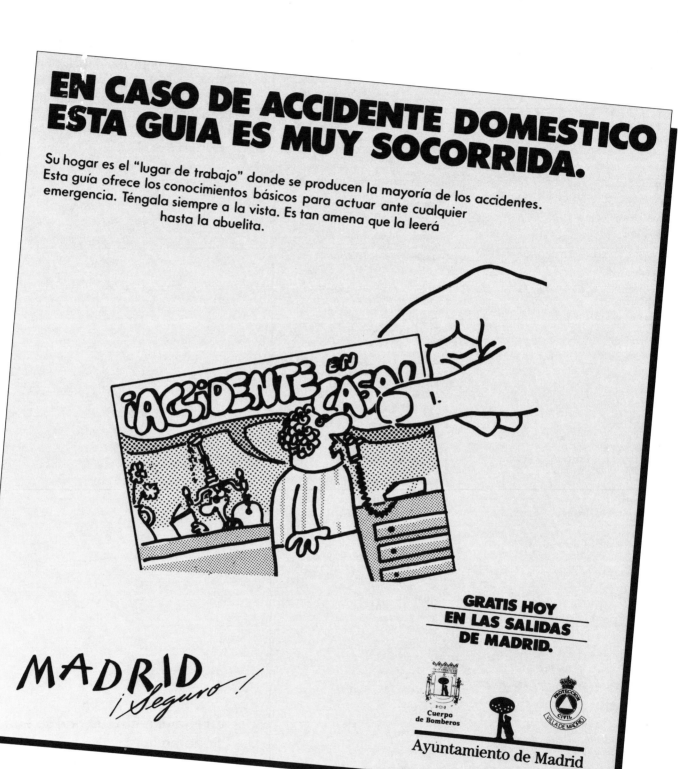

1 What does it say about the proportion of accidents in the home?
2 What does the brochure offer you?
3 Where should it be kept?

E15

Your Spanish family has torn up an insurance ad and left pieces of it lying around. You are curious to see which piece of advice was given for each risk covered. Can you match the advice (**A–F**) with the risks (**1–6**)?

① Robo

- Atraco.
- Hurto.
- Daños materiales como consecuencia del robo o su tentativa.
- Cobertura de efectivo, joyas y alhajas (garantía opcional).

② Incendio-Explosión

- Daños accidentales por humo.
- Asistencia de Bomberos.
- Alquiler de otra vivienda.
- Gastos de salvamento y otros.
- Caída del rayo.
- Actos vandálicos.

③ Daños por agua

- Omisión del cierre de grifos.
- Rotura de conducciones propias o ajenas.
- Gastos de localización de la avería, fontanería y albañilería.

④ Rotura de cristales

- Ventanas y puertas.
- Espejos adosados a la pared.
- Gastos de colocación.

⑤ (Garantía opcional) Accidentes personales

- Para el asegurado:
- Fallecimiento accidental.
- Invalidez permanente.
- Cobertura mundial, las 24 horas del día.

⑥ Responsabilidad civil

- Daños a terceros, incluso vecinos por:
- Agua derramada, incendio y explosión.
- Caída de objetos.
- Posesión de animales domésticos.
- Práctica de deportes como aficionado.
- Cualquier otra responsabilidad como cabeza de familia.

Consejos (A)

- En caso de corte de suministro de agua, cierre bien los grifos.
- Desatasque los desagües a los primeros síntomas de obstrucción.
- No deje funcionando la lavadora o el lavavajillas mientras duerme o está ausente de casa.

Consejos (B)

- Cuando se ausente de su vivienda, cierre el paso de agua y gas y corte la energía eléctrica.
- Evite la caída de objetos a la calle. Pueden provocar accidentes graves.

Consejos (C)

- No abra la puerta a desconocidos. Utilice la mirilla. Identifique al que llama.
- Use permanentemente la cadena de seguridad.
- Instale caja fuerte de seguridad para custodiar adecuadamente los objetos de fácil sustracción (joyas, alhajas, efectivo, etc.).
- Si su vivienda dispone de fáciles accesos por ventanas, patios o terrazas, proteja éstos adecuadamente.

Consejos (D)

- No deje al alcance de los niños objetos punzantes ni medicamentos.
- Proteja la instalación eléctrica convenientemente.
- Instale superficies antideslizantes en sus cuartos de baño.

Consejos (E)

- Tenga precauciones con el aceite de freír.
- Evite las conexiones en enchufes múltiples.
- No deje cerillas ni encendedores al alcance de los niños.

Consejos (F)

- Impida la formación de corrientes de aire. Evitará golpes y roturas.
- Proteja las ventanas que tengan fácil acceso desde el exterior.
- Cuide la correcta fijación de los cristales en sus marcos.

 MAPFRE

G   Correos

E16

You are on vacation in Spain. How much does it cost to send a postcard and a letter weighing 20 g to your country?

E17

It is 7 p.m. when you remember to mail the postcard and letter. When is the next mail pick up?

A

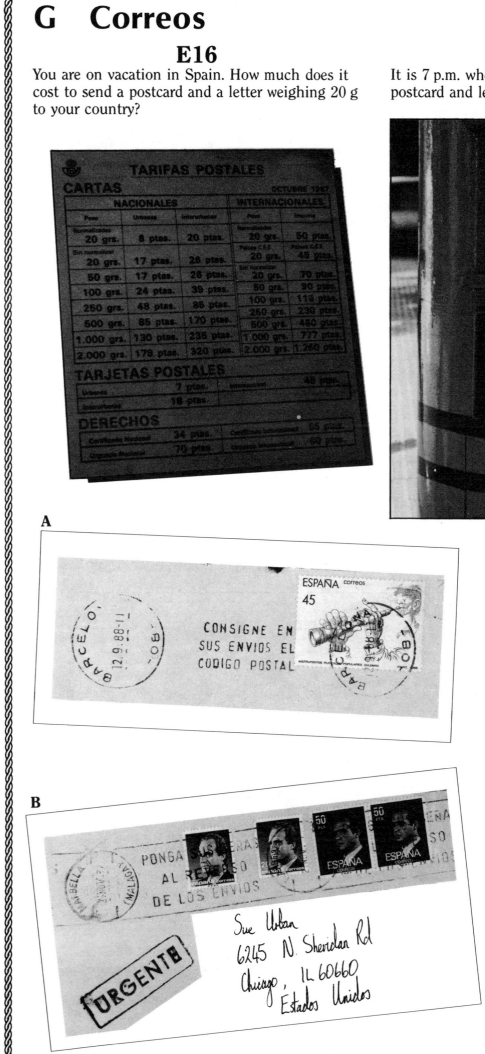

E18

The post office takes the opportunity to remind you of what you should do when sending a letter! What should you be sure to include in an address?

You can tell a lot from this envelope!

1 Where and when was letter **A** mailed?
2 What might make you think that letter **B** contained something important?
3 What should you always put in the upper left corner or on the back of an envelope?

B

P

¿Escribes a un(-a) español(-a)?
¿En qué idioma escribes?
¿Y él/ella?

E19

You have missed your train connection to meet your friend in Madrid and have to stay overnight in Barcelona. Since you cannot reach your penpal on the phone, you decide to send him/her a telegram. According to the instructions:

1 How should you fill in the address and message?
2 What details must you give about yourself?

EL EXPEDIDOR DEBE RELLENAR ESTE IMPRESO, EXCEPTO LOS RECUADROS EN TINTA ROJA SE RUEGA ESCRIBA CON LETRAS MAYUSCULAS O CARACTERES DE IMPRENTA   T.G.-1

INS. O NUMERO DE MARCACION	SERIAL	Nº DE ORIGEN		INDICACIONES TRANSMISION
	LINEA PILOTO		TELEGRAMA	
OFICINA DE ORIGEN	PALABRAS	DIA	HORA	IMPORTE EN PESETAS

INDICACIONES:

DESTINATARIO: ....
SEÑAS: ....
TELEFONO: ....   TELEX: ....
DESTINO: ....

TEXTO: ....

SEÑAS DEL EXPEDIDOR — NOMBRE: ....   TFNO.: ....
DOMICILIO: ....   POBLACION: ....

UNE A-5 (148 x 210)

Telefónica de España

E20

Here is an article about a mail carrier on the island of Ibiza.

Xicu Lluy

Foto: Pedro Prieto

Personajes ibicencos (I): Consuelo Rico, cartera

«Ningún hombre ha intentado ligar conmigo pero se muestran simpáticos si les doy una carta»

«Hay que reconocer que aquí el invierno es muy aburrido».

■ Consuelo afirma que no suele salir mucho por la noche

Consuelo Rico, 23 años, natural de la localidad alicantina de Ibi, lleva viviendo en nuestra isla desde hace cinco veranos y trabaja de cartera en la Oficina de Correos y Telégrafos de Eivissa. «Llama la atención que sea una chica —nos dice— quien reparta las cartas, pero los hombres no han intentado ligar conmigo, pero, eso sí, se muestran muy simpáticos».

Ella es una de las dos chicas/carteras de Correos en Eivissa, entró en este Servicio Público el año pasado pues «necesitaban ampliar la plantilla con varios carteros eventuales, así que me presenté, me gustó la idea de trabajar en contacto con la gente y, además, el horario matutino me convenía. Ser cartero es un poco pesado, pero muy ameno», nos comenta la guapa alicantina.

SIN TRATO ESPECIAL

«No creo que el hecho de ser una mujer suponga un tratamiento especial para mí», piensa de su profesión Consuelo, que es soltera y vive en la capital. Antes de entrar en Correos, esta chica y desempeñó otros trabajos esporádicos en la isla, «vine a Eivissa en busca de un trabajo. Después de terminar mis estudios necesitaba encontrar un empleo y como Eivissa la conocía de otros años, ya que había estado veraneando por aquí, pues me animé y vine para acá». Trabajó en hostelería, en bares de Figueretes como camarera, lavandería y también se dedicó a la pintura, «se trataba de colorear figuras de yeso y cerámica. El negocio pertenecía a unos amigos míos». También hizo fotografías para turistas.

Consuelo es una buena conocedora de los ambientes turísticos ibicencos, «hay falta de educación, de gusto y yo diría que también de dinero. El turista que viene a la isla, esa es la verdad, no gasta mucho que digamos». En cuanto a sus preferencias a la hora de «ir de marcha», nuestra joven cartera nos dice que «yo frecuento más bien fiestas, suelo ir por el puerto, me gusta la música de jazz y uno de mis lugares preferidos es el nuevo Café-Concierto. Pero, en fin, no salgo demasiado por la noche».

CAMBIO DE AIRES

«Llevo dos veranos trabajando en Correos. ¿Qué haré el año próximo?, pues me gustaría cambiar de aires, encontrar un trabajo fijo para todo el año, pero me gusta mucho Eivissa. Lo que pasa es que hay que reconocer que el invierno aquí es muy aburrido. Si sale la posibilidad de trabajar fuera, no me importaría dejar la isla».

De sus preferencias cinematográficas, otra de sus aficiones es el cine. Consuelo nos nombra a Woody Allen y los italianos Bertolucci y Luchino Visconti, y en general le «va» el género cómico, la comedia. El sol y las bonitas playas ibicencas son igualmente «santo de su devoción», asegura que «me gusta muchísimo la playa de s'Estanyol». Consuelo Rico, una mujer guapa que reparte cartas y certificados con una sonrisa en los labios. ¡Qué más se puede pedir...!

According to the article:

1 Where was Consuelo Rico born?
2 When did she become a mail carrier?
3 Why was she attracted to the job?
4 What were her previous jobs?
5 How does she spend her free time?
6 According to Consuelo, what are the advantages and disadvantages of working in Ibiza?

H   Telefónica

E21

On vacation in Spain, your mother had to call home, so she went to the public telephone center (*locutorio*) in El Pedrucho. They gave her a receipt, but she is not sure what all the figures refer to.

Which of these statements are true?

1 She made the telephone call at 3 p.m.
2 She had to pay 370 pesetas.
3 She spoke for 14 minutes.

E22

According to this information, how else could your mother have paid for the telephone call?

En estos teléfonos no es necesario el uso de moneda metálica; Vd. puede abonar sus comunicaciones por importe superior a 500 pts., mediante las tarjetas de crédito:

The next day you are passing a public telephone booth. You decide to try to call your sister back home. To do so, you must read the instructions that you are carrying with you.

INSTRUCCIONES PARA EL USO DEL TELEFONO DURANTE SU ESTANCIA EN ESPAÑA

SERVICIO AUTOMATICO
(Desde un teléfono público o desde un aparato de abonado, excepto hotel).
1. Descuelgue el microteléfono y espere la señal para marcar.
2. LLAMADAS URBANAS E INTERURBANAS DENTRO DE LA MISMA PROVINCIA. Marque el número deseado.
3. LLAMADAS INTERURBANAS. Marque el código interurbano de la ciudad a la cual va destinada la llamada, y a continuación el número del abonado deseado.
4. LLAMADAS INTERNACIONALES. Marque el 07. Espere un segundo tono más agudo

que el normal. A continuación el indicativo del país (*) hacia el cual va encaminada la llamada, seguido del de la ciudad (**), y del número del abonado deseado.
Ejemplo: llamada al abonado 7654321 de Roma.
Marque: [07] ~ [39] [6] [7654321]
(*) Consulte los indicativos de países en la última página. (**) Recuerde que no debe marcar el prefijo de acceso al servicio automático interurbano del país de destino, que generalmente es un 0 (cero). NOTA: Para conferencias no automáticas llame a la operadora. Marque el 003 para información general.

1 What should you do after picking up the receiver?
2 What number must you dial for international calls?
3 What will you hear next?
4 After you dial the code for your country, what other numbers do you dial before dialing your home number?

E23

On a visit to Madrid, you notice a list of telephone numbers in a local paper.

1 Which official organization operates these services?
2 Why should you be careful to check the number of the service you want?
3 Which number would you dial if you lost something?
4 What was the former number for calling the police?
5 What might be the matter if someone dialed 588 45 00?

P

¿Sabes cómo se dicen los números de teléfono en español? Haz un intercambio de números de teléfono con tu pareja de clase.

NUEVOS TELEFONOS DEL AYUNTAMIENTO DE MADRID

• **A partir del día 16 de agosto** •

INFORMACION GENERAL
588 10 00 antes 248 10 00

INFORMACION AREA DE URBANISMO E INFRAESTRUCTURAS BASICAS
588 10 00 antes 458 13 00

EQUIPO QUIRURGICO NUMERO 1. CALLE MONTESA, 22
588 51 03 antes 401 81 50
588 51 05 antes 401 81 54
588 51 00 antes 401 81 58
588 51 22 antes 401 82 00

ALMACEN DE VILLA (Objetos perdidos)
588 43 46 antes 228 48 07

PARQUE DE AMBULANCIAS
588 44 00 antes 230 63 00
588 45 00 antes 230 71 44
588 46 00 antes 230 65 44

POLICIA MUNICIPAL
588 50 00 antes 470 10 12

SIGUE FUNCIONANDO, COMO HASTA AHORA, el **092**

Ayuntamiento de Madrid

E24

You are staying with a family in Barcelona and see that their telephone bill looks quite different from the ones your parents receive. You try to figure it out.

1 Some items are paid for in advance. Are they for the equipment or the calls?
2 How much did September's calls amount to?
3 What is the tax on telephone bills in Spain?
4 How much did the total come to?
5 On what date was this bill paid?

P

¿Llamas muy a menudo a tus amigos? ¿Qué dicen tus padres? ¿Quién paga normalmente?

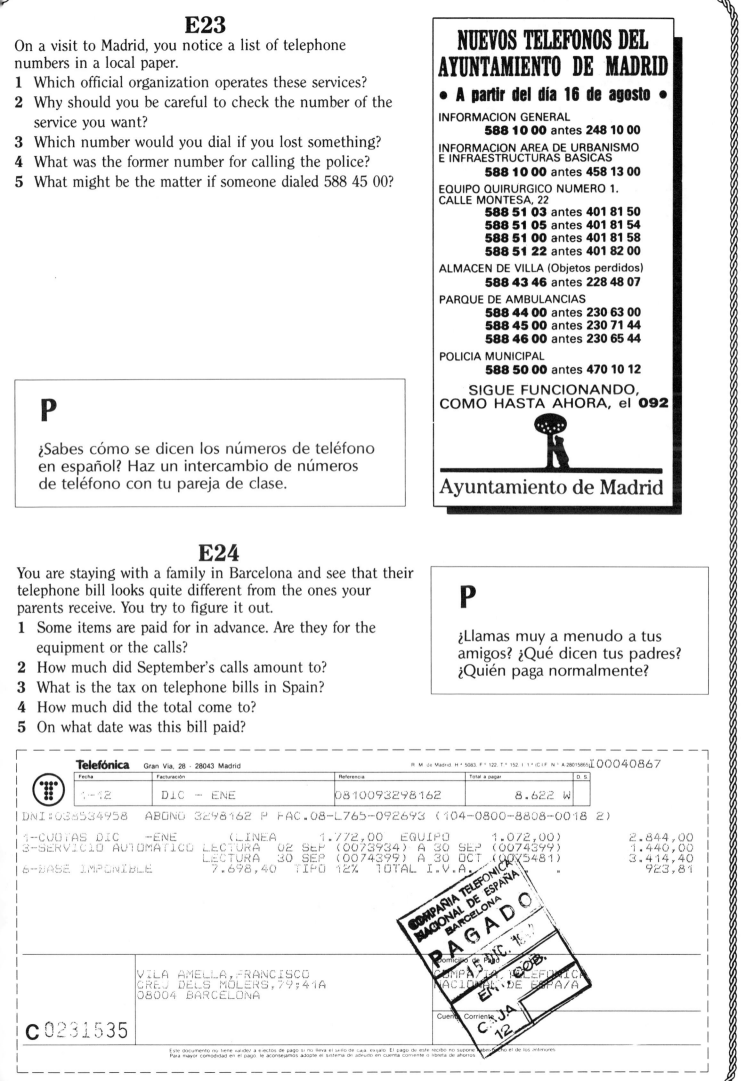

Telefónica	Gran Via, 28 · 28043 Madrid		R. M. de Madrid, H.º 5083, F.º 122, T.º 152, I. 1.ª (C.I.F. N.º A 28015865)		I00040867
Fecha	Facturación	Referencia	Total a pagar	D. S.	
1–12	DIC — ENE	0810093298162	8.622 W		

DNI:034534958   ABONO 3298162 P FAC.08-L765-092693 (104-0800-8808-0018 2)

```
1-CUOTAS DIC    -ENE     (LINEA     1.772,00   EQUIPO     1.072,00)            2.844,00
3-SERVICIO AUTOMATICO LECTURA   02 SEP (0073934) A 30 SEP (0074399)            1.440,00
                LECTURA   30 SEP (0074399) A 30 OCT (0075481)                  3.414,40
6-BASE IMPONIBLE         7.698,40   TIPO 12%   TOTAL I.V.A.                      923,81
```

VILA AMELLA,FRANCISCO
CREU DELS MOLERS,79;4ºA
08004 BARCELONA

C 0231535

Este documento no tiene validez a efectos de pago si no lleva el sello de caja; exíjalo. El pago de este recibo no supone haberse hecho el de los anteriores.
Para mayor comodidad en el pago, le aconsejamos adopte el sistema de adeudo en cuenta corriente o libreta de ahorros.

CORREOS,

Según FELIX-MANUEL DE SANDE, Director General de Correos. "En el horizonte de 5 a 10 años; la carta personal no pasará del 50% del total del volumen postal. El otro 50% lo ocupará fundamentalmente la Venta por Correo".

No obstante, en estos momentos, la venta por correo sigue siendo minoritaria en España, situándose en torno a los 5 dólares per cápita año, mientras que en Inglaterra asciende a 120 dólares, en Francia a 98 y en Alemania a más de 200. Teniendo en cuenta la "Ley de los Vasos Comunicantes" generada por la incorporación de España al Mercado Común Europeo, no es difícil preveer un aumento espectacular para este tipo de venta en la próxima década.

y TELEFONOS

El teléfono se ha revelado como un elemento auxiliar fundamental para la Venta por Correo, de modo que, en estos momentos, en los Estados Unidos se reciben más pedidos por teléfono que por correo, sobre todo a causa de las campañas "TV RESPONSE", (anuncio de venta directa a través de la TV), que han llegado a generar 230.000 llamadas-pedidos en un día, método verdaderamente revolucionario en el comercio, que en España aún no se puede aplicar por insuficiencia tecnológica, pero que acabará implantándose como todo lo malo y lo bueno que nos llega del exterior.

El llamado teléfono "CALL-FREE" ó de llamada gratuita, que según nos dice Telefónica se implantará a lo largo del presente año o principios del próximo, permitirá efectuar llamadas gratuitas con cargo al destinatario, que a su vez disfrutará de una tarifa de bloque especial, similar a lo que se paga en estos momentos por el franqueo en destino, con lo que se estimulará grandemente el uso del teléfono para cursar pedidos.

E25

According to this article, which is about selling goods by mail or over the telephone, which of the following statements are true?

1 In the next five to ten years, the percentage of personal letters which pass through postal systems will decrease.

2 At the present time, mail order in Spain is big business.

3 Mail order is a very popular way of selling throughout the Common Market.

4 In the United States, ordering by telephone is less popular than ordering by mail.

E26

This newspaper article gives details of a prize awarded to three telephone engineers who came up with a simple but effective solution to a growing problem.

Consuelo Lorenz
Fotos: Ramón Rabal

Tres técnicos de Palma obtienen el premio del concurso de ideas de Telefónica

José Mejías, Miguel Charnenco y Luis Martínez han ingeniado un sistema para descongestionar las líneas internacionales en las centrales

Tres empleados de Telefónica de Palma han resultado galardonados con el primer premio del «Concurso Nacional de Ideas Originales» que promueve la compañía todos los años entre sus trabajadores.

José Mejías Fernández, Miguel Charnenco Boza y Luis Martínez Lapasió son los tres autores de la idea premiada con un millón y medio de pesetas.

Este estudio, titulado «Reducción del tiempo de ocupación en unidades de control y enlaces internacionales en las centrales PC-1000», surgió de un problema que afecta a nuestras islas: la saturación y el mal uso de las líneas de comunicación al extranjero, sobre todo entre las ocho y las nueve de la noche.

«Debido a la cantidad de cabinas y al número de turistas que acogen las Baleares — indicó Luis Martínez — nos encontramos con el problema de que la gran mayoría de estos abonados temporales no tienen información de cómo se marca en el servicio internacional. En éste, en las

centrales analógicas o convencionales, que son la casi totalidad de las españolas, hay quien marca un prefijo que es el 07 y con él lo que obtiene es un segundo tono (o señal) y éste, a su vez, es una invitación a marcar ya el servicio internacional (el número deseado)».

Obtenido el segundo tono, la operación siguiente es marcar el prefijo del país y las cifras del abonado. «El problema que se nos creaba — admitió Luis Martínez — es que los abonados marcaban el 07 y no esperaban a tener ese segundo tono o invitación a marcar y pulsaban todas las cifras seguidas. Entonces, nuestras centrales, en

este caso el tren de internacional de Palma y la central internacional de Valencia, no estaban preparadas para recibir estas cifras que

● *Una solución.—* **Luis Martínez, uno de los premiados, explica que su mérito ha consistido en encontrar una solución al colapso de las líneas internacionales, provocado por llamadas erróneas.**

marcaba el abonado. Así nos encontrábamos con que en las centrales analógicas de Baleares y del resto del país no se registraban todas las cifras, sino que se perdían en ese intervalo de tiempo y quedaban retenidas las llamadas sin completar. La línea permanecía ocupada ineficaz-

mente alrededor de 44 segundos».

La idea

El proyecto mallorquín consiste en desviar las llamadas efectuadas a internacional, sin esperar el «segundo tono», desde centrales analógicas (electromecánicas) hacia «enlaces de números cambiados». En estas últimas centrales, mediante una señal hablada en varios idiomas, se informa a los abonados y usuarios que para ese servicio se ha de marcar el 07 y esperar un segundo tono más agudo. Así, se reduce el tiempo de ocupación en las centrales y se agiliza el tráfico.

1 Give brief details about the problem that they identified. Include information on what time of day it occurred most frequently, who caused it, and how.

2 What solution did the employees come up with?

Chapter 8
Salud y bienestar

Todo el mundo quiere estar sano (hacer ejercicio, vivir y comer saludablemente). ¿Cómo puedes hacerlo? Este capítulo puede darte algunas ideas interesantes. ¡Anímate!

A Enfermedades

E1

You are spending your summer vacation in the University district in Madrid. One night your friend suddenly feels very sick. You offer to go to the drugstore, but it is past midnight. Where can you go?

E2

Unfortunately, your friend is no better the next day. Which of these doctors do you contact?

FARMACIAS EN SERVICIO DE GUARDIA
HASTA LAS 22 HORAS

- **TETUAN-FUENCARRAL-PEÑA GRANDE Y BARRIO DEL PILAR**
  ALFONSO RODRIGUEZ CASTELAO.
  PLAZA ARMENTEROS (Valdezarza de Aba-jo).
  PONFERRADA, 35.
  ALMANSA, 11.
  INFANTA MERCEDES, 59.
  PINOS ALTA, 16.
  VALDERRODRIGO, 54.
  GINZO DE LIMIA, 51.
  JUAN DE OLIAS, 3.
- **UNIVERSIDAD-MONCLOA**
  JOAQUIN MARIA LOPEZ, 19.
  QUINTANA, 20.
- **CHAMBERI**
  RIOS ROSAS, 50.
  LUCHANA, 14.

FARMACIAS EN SERVICIO DE URGENCIA
DIA Y NOCHE ININTERRUMPIDAMENTE

- **TETUAN-FUENCARRAL-PEÑA GRANDE Y BARRIO DEL PILAR**
  PLAZA ARMENTEROS (Valdezarza de Aba-jo).
  ALMANSA, 11.
  VALDERRODRIGO, 54.
- **UNIVERSIDAD-MONCLOA**
  JOAQUIN MARIA LOPEZ, 19.
- **CHAMBERI**
  LUCHANA, 14.
- **CENTRO-LATINA**
  PASEO RECOLETOS, 39.
  VENERAS, 4.
- **CARABANCHEL-EXTREMADURA**
  CALLE DE LA LAGUNA, 48.
  AVEFRIA, 2.
  GALICIA, 23.
  LUIS PANDO, 9.
- **ARGANZUELA-VILLAVERDE-USERA**
  PASEO DE YESERIAS, 51.
  MARQUES DE JURA REAL, 21.

VALLEJO
PODOLOGO
ENFERMEDADES DEL PIE

P

Telefonea a tu amigo(-a) para explicarle que no puedes ir al cine con él/ella porque estás enfermo(-a).

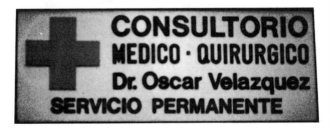

CONSULTORIO
MEDICO · QUIRURGICO
Dr. Oscar Velazquez
SERVICIO PERMANENTE

CONSULTORIO DE PEDIATRIA
Dr. A. MORRAJA NOT
Pediatría - Puericultura - Recién nacidos - Prematuros
Infancia - RX - Vacunas - Nutrición
bronquitis y asma infantil
Para visitas llamar al ☎ 36 35 66
c/. Drassanes, 5 - 1°   ☎ 36 35 66

CLINICA REUMATOLOGICA

DR. RUEDA RUA

(Ex-Reumatólogo de los Hospitales de Montpellier-Francia)

★ RAYOS X ★ LASER ★ ELECTROTERAPIA
Plaza de Galicia, 3-6.° Derecha - Teléfono 563599

E3

It is likely that your friend will receive a receipt like this one from the doctor for the treatment received.
Can you tell what happened to Joanna from this receipt?

URGENCIAS MEDICAS	☎ 722222
SERVICIO PERMANENTE	722008-715992

OFICINA CENTRAL: C/. Gabriel Alomar i Villalonga, 22-1.° C
07006 PALMA DE MALLORCA

Caja de Seguro ____
Número ____
Nombre Joanna Symons
Dirección país origen ____

Hotel Torranova 404
Diagnóstico Contusión muñeca
Agencia ____
Clínica ____
Firma paciente ____
1.° visita 9/4 visita medico
2.° » ____
3.° » ____
Material ____
Total Pts. 4.000
Fecha Palma Nova, 9/4
Doctor L. Moles

URGENCIAS MEDICAS
P...
A...
PALMA NOVA

E4

Later on during your stay, you develop a toothache.

1 Why is this advertisement of help to you?
2 Is the clinic on the ground floor?

CLINICA DENTAL VEGA

Avda. Rep. Argentina, 166, entlo., 1. Tel. 476 70 70
ABIERTA EN AGOSTO

HUMOR

—Estaba estupendamente... me iba a casa mañana... pero tuve un problema con la enfermera.

E5

After a quick visit there for a filling, you pick up this brochure. What physical problems can be brought on by bad teeth?

═ CLINICA DENTAL VEGA ═

CONSERVEME: PUEDO SER DE GRAN INTERES PARA USTED

Se ha parado alguna vez a pensar en los problemas que acarrea una dentición en mal estado y sus posibles consecuencias, como por ejemplo: dolores de cabeza, problemas reumáticos, estomacales, artrosis, pérdida de visión, calvicie, problemas auditivos, etc.

No lo dude. Visítenos sin compromiso, le reconoceremos y asesoraremos de su problema **GRATUITAMENTE**. Tenemos a su disposición los siguientes servicios:

ODONTOLOGIA GENERAL
CIRUGIA - PERIODONCIA
ENDODONCIA - ORTODONCIA
Y PROTESIS EN GENERAL

Todos los materiales son de primera calidad y tratados con las últimas técnicas modernas

DISPONEMOS DE LABORATORIO PROPIO

Llámenos al teléfono 476 70 70

o deje su mensaje en el contestador automático

E7

What does this sign advise people to do?

E6

You are interested in young people's problems and notice this ad.

1 What are those with a drug problem invited to do?
2 What are the two advantages of the service?

D R O G A S

**Si este es tu problema,
LLAMANOS**

Asociación de Cooperación Juvenil
San Miguel y Ayuda al Toxicómano
DECLARADA DE UTILIDAD PUBLICA

STA CRUZ:	28.85.64
	28.88.16
LA LAGUNA:	25.05.12
OFRA:	65.12.90

EL SERVICIO ES ANONIMO =GRATUITO=

P

¿Existe en tu ciudad un centro de ayuda a los jóvenes?

AGRUPACION PARA EL SEGURO TURISTICO ESPAÑOL
(Servicio Sindical) ASTES. Núñez de Balboa, 101. Teléfono 261 72 05
MADRID-6

	VALIDEZ
DEL	*l'0 l 7-Jlio*
AL	*3 0 l 7-Jlio*

EMITIDA POR LA «AGRUPACION» EN NOMBRE Y POR CUENTA DE LAS ENTIDADES ASEGURADORAS AGRUPADAS

POLIZA DE SEGURO TURISTICO A N.º ✱ *896380*

ASEGURADO	NOMBRE Y APELLIDOS	PASAPORTE O DOCUMENTO IDENTIDAD	NACIONALIDAD
	Sonia Madeleine ROVVÉ	*N.º 064455-E*	*Britannia*

HA CONTRATADO LOS SEGUROS DE **ASISTENCIA SANITARIA, ACCIDENTES INDIVIDUALES Y EQUIPAJES** FIJANDO COMO DOMICILIO DE REPATRIACION EL QUE FIGURA EN EL DOCUMENTO RESEÑADO.

EXPEDIDA

LE _____
PAR _____

EL ASEGURADO,

RECIBI

LA ENTIDAD EMISORA,
POR LA AGRUPACION.

DIAS	PESETAS
8 —— 210.–
15 —— 285.–
30 —— 450.–

E8

A friend has been taken ill while in Spain and is not sure how to file a health insurance claim. She shows you her insurance policy.

1 How long was the period covered by insurance?
2 What information did she have to give?
3 What are the three kinds of insurance covered by this policy?
4 How much did she pay for the period covered?
5 Was your friend in Spain to work, to study, or on vacation?

E9

She asks you to check her health insurance coverage. Which of the following costs are covered under the policy?

1 Only certain treatments and not X-rays.
2 Transfer to a hospital in case of illness.
3 Surgery.
4 All medicines and blood transfusions.
5 Full board for a companion.
6 A stay in a hotel if prescribed by a doctor.
7 Repatriation, if needed, and by any means of transportation.

CONDICIONES PARA LA COBERTURA DE LOS RIESGOS CONTRATADOS

ASISTENCIA SANITARIA

I.—Por la presente cobertura, se garantiza al asegurado que, en caso de enfermedad o accidente, recibirá las siguientes prestaciones:

1. Toda clase de tratamiento médico y quirúrgico, así como exploraciones y estudio complementario de diagnóstico (rayos X, análisis, etc.) en aquellas enfermedades de carácter agudo, crónicas en sus agudizaciones y en las derivadas de accidentes de todas clases.

2. Traslado del enfermo o accidentado a clínica, sanatorio u hospitales.

3. Estancias, manutención y curas del enfermo en el sanatorio correspondiente, en aquellos tratamientos de tipo quirúrgico.

4. Durante el tiempo de permanencia del enfermo en el sanatorio, tendrá derecho a la totalidad de los medicamentos que precise (fórmulas, especialidades y antibióticos), así como a transfusiones de sangre y plasma.

5. Estancia y desayuno de un acompañante en clínica.

6. Estancia prolongada en hotel, por accidente o enfermedad, previa prescripción médica.

7. Repatriación del paciente, por acuerdo del médico, en casos de enfermedad o heridas graves, utilizando para dicha repatriación, si fuesen necesarios, ambulancia, coche-cama u otro medio de transporte, hasta un límite, en los gastos, de 15.000 pesetas.

B Medicinas

E10

While staying with a friend in Spain, you offer to look after his younger brother for the day. Unfortunately, he falls and scrapes his knee. He shows you this product in the medicine cabinet. Can you be sure he has chosen the right one?

1 What will it do for cuts and scrapes?
2 What must you do before applying the product?
3 What should you use to help apply the product thoroughly?
4 How many times a day can you apply Cinfacromin?
5 Because he is young, what must you be sure to do? Why?

cinfacromin

20 c.c.
Solución

Manténgase fuera del alcance de los niños
No ingerir

Desinfectante en heridas abiertas y contaminadas, rozaduras, escoceduras.

Lavar bien la zona afectada y aplicar unas gotas extendiéndolas con un algodón.
Puede repetirse la aplicación 2 ó 3 veces al día.

Composición por 100 c.c.
Merbromina . . . . 2,50 g

VÍA TÓPICA

P.V.P. 156 Ptas.
P.V.P. IVA 165 Ptas.

E11

While looking in the medicine cabinet, you notice some other useful medicines. It is helpful to know in advance what they can be used for. The brand names of the medicines are listed below with the symptoms they are meant to cure.

Copy the box and check the product that can be used for the symptoms mentioned.

Product	Respiratory problems and bronchitis	Ear infections	Coughs	Colds, flu feverish aches
A Clamoxyl				
B Synalar				
C Frenadol				
D Codeisan				

Clamoxyl Mucolítico (A)

INDICACIONES

Bronquitis bacteriana, aguda y crónica.
Exarcebaciones bacterianas agudas en bronquíticos crónicos.
Traqueobronquitis agudas bacterianas post-gripales.
Bronquiectasias.
Neumonías y bronconeumonías.

POSOLOGIA

Niños de 1 hasta 5 años (10-20 kg).
De 1/2 a 1 cucharadita cada 8 horas.
Niños de más de 25 kg.
1-2 cucharaditas cada 8 horas.
Adultos.
1 cápsula de 500 mg. cada 8 horas.

FRENADOL ® (C)

INDICACIONES

Tratamiento sintomático de la gripe, resfriado común, estados catarrales, afecciones por enfriamiento que cursen con dolor y fiebre.

POSOLOGIA

El contenido de un sobre se toma disuelto en medio vaso de agua.

En los adultos la dosis es de un sobre cada 6-8 horas (3-4 sobres/día). Es importante iniciar la medicación al notar los primeros síntomas.

En los niños de 6 a 12 años se administrará cada 6 horas el contenido de medio sobre.

No se recomienda en niños menores de seis años.

Estas dosis pueden ser alteradas por indicación facultativa.

SYNALAR® Otico (B)
Solución tópica

INDICACIONES

Procesos inflamatorios o alérgicos que cursan con infección, producidos por gérmenes sensibles a la Neomicina y Polimixina y susceptibles del empleo de corticoides.

POSOLOGIA Y MODO DE EMPLEO

Instilar 3-4 gotas en el oído enfermo de 2 a 4 veces al día.

CODEISAN® (D)

INDICACIONES

— Sedación de la tos.
— Analgésico general, especialmente en procesos dolorosos viscerales leves o moderados, dolores periódicos de la mujer, cefaleas, etc.

POSOLOGIA

Adultos y niños mayores: 1 comprimido o supositorio cada 6 horas.
Niños de 6 a 12 años: 1/2 comprimido cada 6 horas.
Niños de 2 a 6 años: 1/4 comprimido cada 6 horas o 1 supositorio infantil cada 6 horas.
Las dosis deben ajustarse a la respuesta del paciente.

E12

You also have to be sure you know the correct application and dosage! Match the medicines (**A–D**) to the instructions (**1–4**) below.

Instructions
1 For adults, 1 capsule every 8 hours.
2 Apply drops in the ear up to 4 times a day.
3 For children aged 6–12, half a tablet every 6 hours.
4 Dissolve the powder in half a glass of water.

C Belleza

It is very natural for vacationers to enjoy the sun!

This article gives useful information about the dangers of too much sun.

1 What caused Mrs. López's problem?
2 How could she have avoided the danger?

3 What had happened to the baby girl?
4 What symptoms could follow?

While in Spain, you want to try a new hairstyle!

E14

You see several street signs. Which establishment specializes in men's haircuts?

PELUQUERIA-SEÑORAS
PALAS
ENTLO. A

JOAN I XESC
SEÑORAS Y CABALLEROS

PELUQUERIA DE SEÑORAS
Nacar

*HASTA EL
30 DE OCTUBRE*

Súper-Promoción
Sólo con
nuestros Estilistas

LAVAR, CORTAR Y PEINAR: 1.150 PTAS.

Sin límite de edad

Con mechas o reflejos:
3.650 Ptas. (+ IVA)
Con tinte: 1.950 Ptas.

carlos Calico

Peluqueros

Velázquez, 89. Gta. de Bilbao, I.
General Moscardó, 30

E15

Here (on the left) is a special offer for women.

1 Will the offer be good until you leave at the end of August?
2 Will a trainee cut your hair?
3 What three things does the basic price include?
4 You might try highlights. How much more would it cost?
5 The grandmother in the family where you are staying would like to go too. Is she eligible for the offer?

E16

You notice an advertisement promoting the "body beautiful"!

1 What claims are being made for followers of programs at the Sansón Institute?
2 If you lived in Barcelona, what could you take advantage of?

92

D   Comida sana

E17

Spanish food is delicious; so, when in Spain, better plan your diet! Here are some suggestions for a three-meal-a-day diet.

A

Desayuno: Huevo revuelto con unas gotas de leche descremada, un tomate pequeño y 7 g. de margarina vegetal. **Almuerzo:** Berenjena rellena de ceballos (5 g.), nueces (50 g.), champiñones (50 g.), y con 100 g. de judías verdes como guarnición. La berenjena previamente se cuece, se rehoga el relleno con agua y levadura y se hornea durante 20 minutos. **Cena:** Ensalada de 50 g. de garbanzos, 1 cebolleta, 1 tallo de apio, 15 g. de perejil picado, 1 cucharada de zumo de limón, 7 g. de aceite, sal de ajo y dos rebanadas de pan de centeno.

B

Desayuno: Zumo de naranja y 50 g. de cereales con leche descremada (150 ml.). **Almuerzo:** Arroz integral con pasas, manzana y nueces. Se le puede añadir una zanahoria y un tallo de apio. **Cena:** Ensalada de lechuga y plátano con salsa de yogur, zumo de limón y manteca de cahuetes.

A
1 What are you allowed for breakfast?
2 How do you prepare the second course?
3 At which meal will you have salad?
4 Give two ingredients for the dressing.

B
1 What two liquids are you allowed for breakfast?
2 What type of dish is suggested for lunch?
3 Name two of the ingredients.
4 The recipe for the salad supper looks interesting. Which of the following possible ingredients are included?

   a) green cabbage   e) carrots
   b) lettuce   f) yogurt
   c) banana   g) orange juice
   d) orange   h) peanuts

P

Y tú, ¿qué haces para mantener la línea? ¿Practicas algún deporte? ¿Mantienes una dieta sana?

Estar delgada
UNA FORMA DE VIDA

Los 10 consejos de DIEZ MINUTOS

PASO ya el momento de hacer un régimen «alocado», con el que perder unos cuantos kilos en pocos días. Estar delgada era fundamentalmente una cuestión de estética y, sobre todo, la última moda. En la actualidad, lo más correcto es optar por una dieta sana y equilibrada, que nos libre de la obesidad, no sólo un problema estético, sino la causante de un gran número de enfermedades, principalmente las cardiovasculares. No se trata tan sólo de estar esbelta, sino más bien de estar sana.

Seguro que si le sobra algún kilo, en más de una ocasión ha intentado algún régimen más o menos exótico, y los resultados, al final, no han sido los deseados. Puede que nuestras sugerencias le sirvan para lograr sus objetivos.

1. Cada persona tiene un ritmo «personal» de adelgazar, no se fije en los demás. A la hora de intentar seguir un régimen, tenga el ánimo «a tope». Planifíquelo con antelación, siguiendo los consejos de su médico y llévelo a cabo con seriedad.

2. Si adelgaza muy de prisa, engordará muy de prisa. Pésese tan sólo una vez a la semana, desnuda y a la misma hora.

3. Procure comer de todo, evitará, de esta manera, cualquier carencia. Hay que lograr un equilibrio entre los distintos nutrientes: 15 por 100 de proteínas, 35 por 100 de grasas y 50 por 100 de azúcares.

4. El desayuno ocupa un lugar primordial en la dieta, dele la importancia que se merece.

5. Coma despacio, mastique lentamente y, sobre todo, no picotee entre horas.

6. El agua es la mejor bebida que existe para adelgazar, ya que cuando el estómago está lleno de agua, no hay sensación de hambre. Además, tiene un gran valor diurético.

7. Algunas mujeres aumentan de peso días antes de la menstruación. Simplemente se retienen líquidos, que se pueden evitar fácilmente tomando vitamina «A» o tisana.

8. Luche contra el estreñimiento, provoca la aparición de celulitis. Coma «fibras», favorecen el funcionamiento del intestino. Tome poca sal: retiene líquidos y abre el apetito, además de ser nociva para la salud. Deje a un lado los picantes y no abuse de excitantes como el café.

9. Pásese a los pescados y carnes a la plancha. Olvídese de las grasas. Consuma verduras, ensaladas, frutas, yogures, quesos ligeros... Por supuesto, no se olvide de las vitaminas, ya que son imprescindibles para el equilibrio de nuestro organismo.

10. Si no es capaz de practicar algún deporte, al menos olvídese de los ascensores y camine. Y, por favor, ¡olvídese! de las «dietas famosas». No existe la dieta-milagro.

E18

It's certainly true that staying slim is a "way of life." This article gives you ten helpful suggestions.

1 Previously, being slim was thought of as just being fashionable. State three benefits which guide our current thinking on being thin.

2 Match the ten points in the article to the advice (**A–J**) given below.

	Advice	Number
A	Breakfast is very important.	
B	Eat fiber. Do not add salt and spices.	
C	Only weigh yourself once a week.	
D	Forget the elevator – walk upstairs!	
E	If you intend to diet, plan in advance and do it seriously.	
F	Eat vegetables and yogurt but don't forget the vitamins.	
G	You should aim for nutritional balance.	
H	Eat slowly and do not snack between meals.	
I	Some women retain liquid just before their period.	
J	The best drink for slimming down is water.	

P

Prepara, con tu compañero(-a), la 'dieta ideal': qué comer y cuánto para el desayuno, el almuerzo y la cena.

E   Bienestar

E19

There are seven practical guides published by the magazine *Vitalidad* that give details of all you need to know about your health!

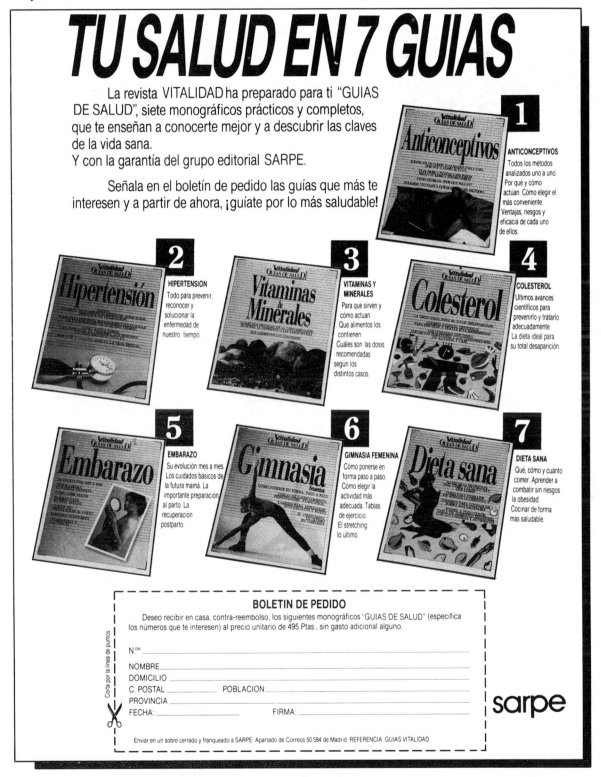

Can you match the brief descriptions (**A–G**) to the relevant issues of the guides (**1–7**) in the advertisement?

A	Gives you the ideal diet to banish cholesterol.
B	How to choose the most appropriate activity; guide to exercises.
C	Gives the risks and advantages for each different contraceptive method.
D	Tells you how to deal with being overweight without taking risks.
E	Basic care for the future mother; preparing for the birth.
F	How to recognize and deal with stress, the illness of our times.
G	Recommended doses of vitamins and which foods contain them.

MENS SANA in CORPORE SANO

Un ejercicio a recuperar
EL PASEO CAMPESTRE

En nuestro presente artículo vamos a tratar de analizar las muchas ventajas de un paseo por el campo en contraposición con un paseo por la ciudad

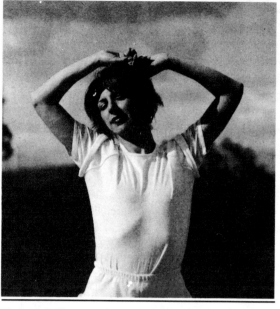

El sol y el aire libre, que no llegan a los lugares cerrados de las ciudades, nos bañan en el campo devolviéndonos nuestra energía.

El cuerpo humano no está diseñado para caminar sobre suelos lisos como los de las ciudades, calles o casas.

La rugosidad natural del suelo en el campo, estimula nuestro organismo a través de su acción sobre los reflejos de la planta del pie.

Cuando se menciona la excursión campestre uno tiende a asociar la imagen con las bucólicas descripciones de la literatura romántica del siglo pasado: mujeres con sombrillas blancas y amplios vestidos, sentadas sobre la hierba, la merienda en un gran mantel apuntillado y algún caballero leyendo unos sonetos. La versión moderna es también conocida: sillas plegables, comida envuelta en papel de aluminio y el radio-cassete sonando a toda marcha.

Además de este popular y saludable estilo dominguero de ir al campo, nos gustaría reivindicar este escenario en el marco de uno de los ejercicios más completos que existen: el paseo campestre.

Analizaremos a continuación, punto por punto, las condiciones, beneficios y forma de realizar esta saludable actividad.

1º A diferencia del aire **CONTAMINADO** de la ciudad, en el campo el aire es

PURO. Aproveche esta valiosa oportunidad para oxigenar los pulmones y todas sus células. El propio esfuerzo físico de la marcha hace aumentar el ritmo y la capacidad de la respiración, de tal modo que uno absorbe ese plus de aire puro sin necesidad de preocuparse por ello.

2º EL SOL y el **AIRE LIBRE**, que no llegan a los **LOCALES CERRADOS** donde se suele desenvolver nuestra actividad ciudadana, bañan naturalmente en el campo tu cuerpo. Descubre progresivamente los brazos, las piernas y el torso para que puedan beneficiarse de este modo.

3º El cuerpo humano no está diseñado para caminar por suelos **LISOS** como los de nuestras calles o casas. La **RUGOSIDAD** del suelo natural del campo, con sus piedrecitas, ramas, montículos, etc. estimulan todo el organismo a través de su acción sobre los reflejos de la planta del pie.

4º La HORIZONTALIDAD

del pavimento de las ciudades hace que las articulaciones de las piernas y especialmente la rodilla y la cadera no desarrollen su juego completo, creando así el terreno fértil de afecciones tan extendidas como la artrosis. El **RELIEVE** característico del paisaje natural ejercita el juego completo de tobillo, rodillas, caderas e indirectamente de todo el cuerpo al subir, bajar, trepar o saltar.

5º El calzado y los suelos sintéticos **AISLAN** los pies de la tierra. Este contacto primordial es el canal de poderosas corrientes de energía: una que absorbemos directamente de la tierra, y otra que descargamos de la atmósfera.

Durante los descansos del paseo campestre conviene descalzarse sobre la hierba húmeda o sobre alguna roca para restablecer esa fundamental **CONEXION** con la piel natural del planeta. Con toda probabilidad sentirán calor, cosquilleo o alguna sensación análoga como una agradable

manifestación del flujo de energía que de nuevo se restablece.

6º En la ciudad nos hallamos rodeados de materias **SINTETICAS** y objetos **INERTES**. En el campo todo es **VIDA** y por eso despierta ese fantástico fenómeno que es la "Bioresonancia": la vida se comunica con la vida y crea como un mar de energía con el que el cuerpo se conecta y restaura sus fuerzas.

Chapter 9
Viajes y transportes

¡Aquí tienes algunas ideas para cuando viajes por España!

A En coche

Driving around a Spanish town, you will see many different signs giving traffic instructions. Some are quite easy to understand. Here are some about parking – always a big problem in towns!

E1
Why can't you park in these places?

E2
What would happen if you parked your car here?

E3
How much does it cost to park here?

APARCAMIENTO / PARKING
PROPINA VOLUNTARIA
GUARDA COCHES. GRACIAS

E4
Here is a ticket from a machine in an underground parking lot.

1 Where should you place the ticket?
2 How much does it cost?
3 When does the parking time expire?
4 On which day was this ticket issued?
5 What should you do with the right-hand section?

E5

If a Spanish driver is stopped by the Spanish police, he or she will probably be asked for this document. What is it?

	CATEGORIAS DE VEHICULOS PARA LOS CUALES ES VALIDO EL PERMISO	Sello de la autoridad	FECHA DE EXPEDICION	VALIDO HASTA
A1	Motocicletas cuya cilindrada no exceda de 75 c.c. y coches de inválidos.			
A2	Motocicletas con o sin sidecar y vehículos de tres ruedas dotados de motor cuyo peso en vacío no exceda de 400 kgs.			
B	Automóviles destinados al transporte de personas cuyo número de asientos no exceda de nueve, incluído el correspondiente al condutor (1), o destinados al transporte de mercancías cuyo peso máximo autorizado no exceda de 3.500 kg. Pueden arrastrar un remolque cuyo peso máximo autorizado no exceda der 750 kg.			
C	Automóviles destinados al transporte de mercancías cuyo peso máximo autorizado exceda de 3.500 kg. Pueden arrastrar un remolque cuyo peso maximo autorizado no exceda de 750 kg.			
D	Automóviles destinados al transporte de personas y que tengan, además del asiento del conductor, más de ocho asientos. Pueden arrastrar un remolque cuyo peso máximo autorizado no exceda de 750 kg.			
E	Vehículos con remolque cuyo peso máximo autorizado exceda de 750 kg. El remolque irá acoplado a los vehículos a que habilita el Permiso de la clase.			

1 APELLIDOS

2 NOMBRE

3 FECHA NACIMIENTO

4 DOMICILIO

5 EXPEDIDO POR EL JEFE DE TRAFICO

6 EN

EL DIA
FIRMA DE LA AUTORIDAD

N.º

FIRMA DEL TITULAR

P

a ¿Tiene coche tu familia? Descríbelo a tu compañero(-a) y pídele que adivine la marca.

b ¿Cómo sería tu coche ideal? Haz una descripción.

E6

In these parking lots, attendants give out tickets.

1 How much does it cost to park your car in Mijas?
2 When must you pay?
3 What is the maximum length of time you can park during the first parking period of the day?
4 What would you not be allowed to do if you did not pay?
5 What gives you the impression that Mijas is a polite and friendly town?
6 When can you use the parking lot in Santillana?

AYUNTAMIENTO DE MIJAS   **PESETAS 20**

Servicio Municipal de Aparcamientos Vigilados para Vehículos

El pago se hará en el momento de aparcar el vehículo, no permitiéndose la salida en ningún caso sin haber abonado la tasa. Este boleto es valedero para todos los aparcamientos vigilados en las horas indicadas. Deberá exhibirse a petición de cualquier empleado del servicio.

N.º 07927

Primer turno: 8 mañana a 3 tarde.

COCHES: VEINTE PESETAS

Segundo turno: 3 tarde a 9 noche

El Ayuntamiento de Mijas agradece su visita.

24-12

AYUNTAMIENTO SANTILLANA DEL MAR   **APARCAMIENTO VIGILADO SERVICIO DIURNO** Ordenanza Municipal (18-XII-1986)

Tasa **25 Pts.**

N.º 08731	Matrícula	Fecha	De 10 mañana a 8 tarde

No se responde de objetos que no se confien al encargado

E7

If you do not obey the rules, you may get a parking ticket! Why was this fine issued?

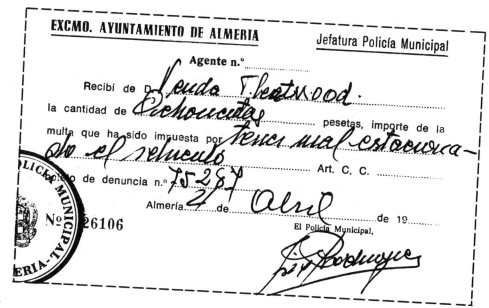

EXCMO. AYUNTAMIENTO DE ALMERIA   Jefatura Policía Municipal

Agente n.°

Recibí de D. *Venda Theatwood*

la cantidad de *Ochocientas* .... pesetas, importe de la

multa que ha sido impuesta por *tener mal estaciona-*

do el vehiculo

Art. C. C.

Boletín de denuncia n.° *75287*

Almería *4* de *Abril* .... de 19.........

N.° 26106

El Policía Municipal,

E8

Here is another parking ticket!

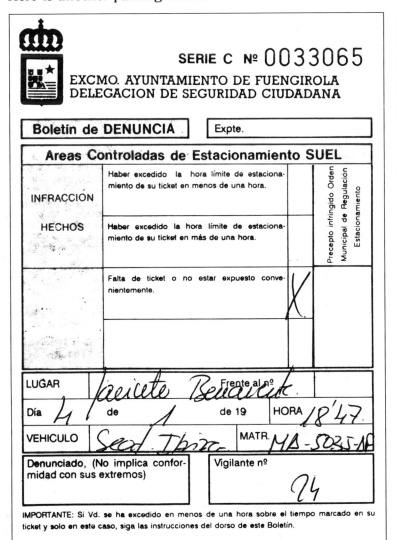

SERIE C Nº 0033065

EXCMO. AYUNTAMIENTO DE FUENGIROLA
DELEGACION DE SEGURIDAD CIUDADANA

Boletín de DENUNCIA	Expte.

Areas Controladas de Estacionamiento SUEL

		Precepto infringido Orden Municipal de Regulación Estacionamiento
INFRACCIÓN	Haber excedido la hora límite de estaciona-miento de su ticket en menos de una hora.	
HECHOS	Haber excedido la hora límite de estaciona-miento de su ticket en más de una hora.	
	Falta de ticket o no estar expuesto conve-nientemente.	X

LUGAR	*Jacinto Benavente* Frente al nº	
Día *4* de *1* de 19	HORA *18'47*	
VEHICULO *Seat Ibiza*	MATR. *MA-5035-AB*	

Denunciado, (No implica confor-midad con sus extremos)	Vigilante nº *74*

IMPORTANTE: Si Vd. se ha excedido en menos de una hora sobre el tiempo marcado en su ticket y solo en este caso, siga las instrucciones del dorso de este Boletín.

EJEMPLAR PARA EL DENUNCIADO   VER DORSO

1 Which of the following statements is true?
   a) The driver had exceeded the parking time.
   b) The driver had not displayed a ticket.
2 The car in question was:
   a) a Ford
   b) a Renault
   c) a SEAT?

E9

This sign also needs to be observed by all drivers!

What does it mean?

E10

AUTO ESCUELA

REYNES

HORARIO de 18 a 21
TEL. 63 23 06   3er. PISO

What sort of lessons could you take here?

E11

You travel with your family to Spain. On arrival, your parents decide to rent a car and ask you to explain the terms.

ALQUILER DE COCHES

15 % de descuento al presentar en el día
y aeropuerto de llegada esta tarjeta y su billete
aéreo en el mostrador de ATESA/IR.

En su próximo viaje, haga previamente
su reserva conjunta IBERIA-ATESA.

1 What two things must you present at the ATESA-IR desk to get the best terms?
2 Can you only get the discount if you rent a car on the day you arrive?
3 What do they suggest you do next time?

E12

Here are the rates and conditions for ATESA car rentals. Your parents want to rent the car for one week and intend to do a lot of driving. Therefore, they want a car where there is no extra charge for mileage. You prefer a car with a radio. Figure out for your parents how much one week's rental of the car would be and how much more they have to pay to avoid paying for any damage to the rental car.

Does the discount available by using the brochure above make up for the taxes that would be charged?

PENINSULA

Grupo	MODELO	Puertas	TARIFA ESPECIAL	
			Por día Mín. 7 días Kms. ilimitado	Por día Mín. 14 días Kms. ilimitado
O	Seat Marbella	2	4.350	3.870
A	Ford Fiesta Opel Corsa Renault 5 VW Polo	2 2 2 2	5.500	4.900
B	Citröen AX 1.2 Peugeot 205 GL 1.2 Seat ibiza 1.2	2 4 2	7.000	6.230
C	Ford Escort 1.3 ♫	4	8.500	7.570

♫ Radio.

CONDICIONES GENERALES

SEGUROS: Las tarifas de ATESA incluyen el seguro de responsabilidad civil y daños a terceros por cantidad ILIMITADA, así como cobertura por la pérdida y daños por incendio o robo del vehículo.

La responsabilidad del arrendatario por daños al vehículo alquilado, puede eximirse pagando el suplemento que se indica a continuación.

GRUPO DE COCHE	RESPONSABILIDAD	SUPLEM. POR DIA
O	130.000	700
A	140.000	700
B	160.000	750
C	180.000	850

Para los riesgos de accidente corporal, disponemos de una cobertura para el arrendatario y pasajeros, que puede adquirirse por 300 ptas. por vehículo y día.

IMPUESTOS: El importe total de los cargos del alquiler, está sujeto al pago del 12 % de I.V.A. y al 4 % de I.T.E. en las Islas Canarias.

TARIFAS Y PAGOS: Esta tarifa está cotizada en pesetas. **El período mínimo de alquiler es un día (24 hrs)**. El combustible y multas de aparcamiento y tráfico son a cargo del cliente. Los gastos de aceite son reembolsables contra presentación de recibos, a la terminación del alquiler.

Para su comodidad puede cargar el alquiler a la TARJETA DE CREDITO DE ATESA o a cualquiera de las principales tarjetas de crédito. De otro modo, debe pagarse anticipadamente el costo estimado del alquiler, más 8.000 ptas. como depósito.

ENTREGAS/RECOGIDAS: Sin cargo adicional, dentro de los límites de la ciudad entre las 09:00 y las 19:00 horas de lunes a viernes y sábados de 09:00 a 13:00 horas. Fuera de dicho horario, así como en días festivos, se cargarán a 1.500 ptas.

100

E13

Your Spanish friend's family is thinking of trading in their car. First they consider buying a new car and you look at ads with them.

CON FORD, DISFRUTE DEL VERANO

COMPRE SU FORD EN AGOSTO Y PAGUELO EN FEBRERO DEL AÑO QUE VIENE

Si está loco por irse de vacaciones, acérquese a vernos.

Le damos todas las facilidades para que estrene su Ford ahora y disfrute del verano sin preocuparse de pagos.

Fíjese; de momento, tiene hasta Febrero para empezar a pagar los recibos. Con una entrada desde el 10%, dispone de 24 hasta 48 meses para financiarlo.

Haga números. Entre en el mundo de Ford. Tiene toda la gama, en diesel o en gasolina, para decidir.

Apresúrese. Pregúntenos sobre esta oferta antes del 31 de Agosto. Le informaremos en detalle.

Red de Concesionarios

Which of the following statements are true?
1 You have to make payments immediately.
2 You can enjoy your new car this summer.
3 You must complete the payments by February.
4 You must put down a minimum deposit of ten per cent.
5 You can take up to five years to pay.
6 The offer is only good up to August 31.

E14

The family decides that a second-hand car would probably be better. Your Spanish friend shows you the classifieds that they are interested in.

AUTOMÓVILES TURISMOS		
VENTAS (OCASIÓN)	**MERCEDES 230 E** W 123, ABS, oportunidad. Fco. Darder, 1. ☎ 204 19 01.	**AUDI 100** CD. SE. L-H. Full equip. 900.000. ☎ 203 88 54.
	MERCEDES 230 E W 123, automático, aire, ABS. Fco. Darder, 1. ☎ 204 19 01.	**AUDI 100** CC. B-JD. 83. Radio. 1.750.000. ☎ 203 88 54.
MERCEDES 280 SE 90, completo, extras. Fco. Dar- der, 1. ☎ 204 19 01.	**MERCEDES 280 TE** Familiar, oportunidad, perfecto estado. Aguilera. ☎ 203 1614.	**BMW 316** Verde. Radio. 950.000. ☎ 203 88 54.
MERCEDES 230 E W 124. Techo, ABS + extras. Fco. Darder, 1. ☎ 204 19 01.	**T. TERRENO** Mitsubishi turbo diesel, 7 pla- zas. Fco. Darder, 1. ☎ 204 1702.	**BMW 520 I** 89. Gris antracita. 1.800.000. ☎ 203 18 61.
MERCEDES 300 D W 124, aire + extras. Fco. Dar- der, 1. ☎ 204 19 01.	**AUSTIN MONTEGO** 2.000 I. B-JB. 1.950.000. ☎ 203 88 54.	**BMW 525 E** B-GH. Automático. Azul met. 1.950.000. ☎ 203 78 64.
MERCEDES 300 D W 123, aire, 88 HP, oportuni- dad. Fco. Darder, 1. ☎ 204 19 01.	**ALFA ROMEO 33** B-IC. Gris oscuro. ☎ 203 88 54.	**BMW 728 I** 87. Azul metal. ☎ 203 42 56.

Which number would they call if they wanted:
1 a family-style Mercedes in very good condition?
2 a metallic blue BMW with automatic transmission?
3 a diesel-powered "all terrain" vehicle?

E15

The oldest son would like a motorcycle. He cuts out this ad and tells you why it looks like a good buy. Which three points does he mention?

MOTO HONDA 400

moderna, se vende, con alarma, 2 en 1 tubo de escape. Precio de ocasión.

Llamar teléfono 646841

E16

What services are available for cars on the ground floor of this building?

**ESTACION SERVICIO
LAVADO AUTOMATICO
CAMBIO DE ACEITE
PLANTA BAJA**

E17

What free checks are being offered by the government during this period?

PONGA A PUNTO SU SEGURIDAD

FRENOS ✓
RUEDAS ✓
DIRECCION ✓
LUCES ✓
SUSPENSION ✓

Revisión gratuita del 14 al 19 de Octubre

Revise a fondo, estos puntos de su vehículo. Ayudará a reducir el número de accidentes en España y se ayudará a sí mismo. La Dirección General de Tráfico ha organizado una campaña de mantenimiento del vehículo, con centros de diagnóstico que le atenderán gratuitamente.

Dirección Gral. de Tráfico
MINISTERIO DEL INTERIOR

RUEDAS Y VELAS

El Ibiza es uno de los modelos importados de mayor aceptación.

SEAT, entre los grandes fabricantes mundiales

• La empresa española produce ya más de 20.000 coches al día

E18
Car ownership in Spain is growing at an ever-increasing rate. Here is an article about the car manufacturer SEAT.
1 How many cars are produced daily by SEAT?
2 How popular is the model Ibiza in Italy and France?
3 Are the fortunes of SEAT increasing or decreasing?

SEAT, la empresa española del Grupo VW ha entrado a formar parte del grupo de los grandes fabricantes mundiales de automóviles, al haber rebasado la cota de los 2.000 coches por día. Este hecho es un claro reflejo de la recuperación conseguida por la nueva SEAT, integrada desde junio de 1986 en el Consorcio alemán, líder europeo del automóvil.

El aumento de la producción de SEAT, que ha conseguido optimizar así su capacidad instalada, dio origen —el pasado año— a un nuevo record en la historia de la automoción española.

En efecto, SEAT, con sus más de 400.000 unidades fabricadas, ha sido la primera empresa de las instaladas en España que alcanza y supera el citado número.

Uno de los factores clave en la alta producción de SEAT ha radicado en los buenos resultados comerciales que se vienen obteniendo, tanto en el mercado interior como en el exterior; son en especial, excelentes las cifras de ventas del modelo Ibiza, del que se producen ya más de 850 coches al día, y que en breve plazo serán más de 1.000, destinados en su mayor parte a la propia España, Italia o Francia. En los dos países extranjeros el Ibiza es uno de los modelos importados de mayor aceptación.

Como consecuencia de esta recuperación, SEAT volvió a generar nuevos puestos de trabajo, habiendo ampliado plantilla por primera vez después de varios años de sucesivas reducciones. Gracias a las nuevas incorporaciones, la empresa española ha podido incrementar su productividad, y ha visto rejuvenecida sensiblemente la edad media de sus recursos humanos.

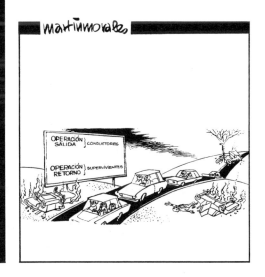

E19
However, car ownership also brings problems during vacation months.
1 During what period were 68 people killed on the roads?
2 On which day did most of the accidents occur?
3 What were the two main causes of the accidents?
4 Do these tragic accidents show an increase or a decrease in the figures for last July?

Seis millones de vehículos salen a la carretera durante la 'operación retorno'

MADRID, Colpisa.– Desde las tres de la tarde del viernes y hasta las doce horas del domingo, 68 personas murieron, 49 resultaron heridas graves y 12 leves en 58 accidentes de circulación. Sin embargo, aún no ha tenido lugar el regreso masivo que, según prevé la Dirección General de Tráfico, se producirá del 30 de agosto hasta el 1 de septiembre.

El viernes pasado se produjeron 10 siniestros en los que murieron 12 personas, 6 resultaron heridas graves y 3 leves. El sábado 27 ocurrieron 20 accidentes, en los que perdieron la vida 20 personas, 16 resultaron heridas graves y 4 leves. El domingo fue el día más trágico en cuanto a la siniestrabilidad en las carreteras, murieron 36 personas, 27 resultaron gravemente heridas y 5 leves, en 28 accidentes. Según Tráfico, las causas más comunes de los siniestros del fin de semana son las habituales: distracción de los conductores y velocidad inadecuada. Entre los accidentes más trágicos del fin de semana se cuenta una colisión de dos turismos que provocó la muerte de los dos conductores y una acompañante, además de las heridas de gravedad de otros tres viajeros. El accidente se produjo a las 7.30 de la mañana del sábado en la carretera nacional 620, en el término de Estépar (Burgos). Otro de los siniestros más graves se produjo por otro choque entre dos turismos. Tres personas resultaron muertas y dos gravemente heridas en el accidente ocurrido durante la madrugada del domingo en la carretera N–2 en el término municipal de Castellón de Seana (Lérida).

La Dirección General de Trá-fico tomará medidas específicas para regular el tráfico los días 30 y 31 de agosto y 1 de septiembre, con motivo de la "Operación Retorno" de las vacaciones. Esta Dirección espera que se produzca un tránsito de seis millones de vehículos por las carreteras españolas de forma escalonada.

Los siniestros en las carreteras durante el mes de julio del presente año ascendieron a 423, con el trágico balance de 517 muertes, 313 heridos graves y 265 leves; lo que supone un descenso de 41 muertos y 59 heridos graves con respecto a julio pasado. En el mes de agosto, hasta el día 25, murieron 509 personas, 387 resultaron graves y 275 con heridas leves a consecuencia de los 385 accidentes. Desde principio de año y hasta el 25 de agosto se produjeron 272.

B En autobús

E20

You are staying with your family just outside Madrid. One day you decide to spend the day in the capital but you do not want to take the car. According to the poster on the right, what is the advantage of going by bus?

E21

For a single ride, you can buy a ticket like the one shown here.

1 What must you make sure you do with the ticket?
2 If this were a return ticket, under what conditions could it be used?

CONSERVENSE A DISPOSICION DE LOS EMPLEADOS QUE LO SOLICITEN. LOS BILLETES DE I/V VALEDEROS PARA EL REGRESO SOLO EN LA LINEA Y FECHA IMPRESAS

VIAJE	E.M.T. MADRID 5848	30	IMPORTE
09	LINEA	FECHA	0
NO	005	28986	PESETAS

E22

Bono Bus tickets are a much better value!

1 Which of the following statements are true?
  a) The ticket costs 705 pesetas.
  b) It is valid for ten rides.
  c) It can be used on the subway as well.
  d) The ticket must not be folded.
  e) If fares go up, the ticket will still be valid.
2 Name three advantages of purchasing a Bono Bus ticket.

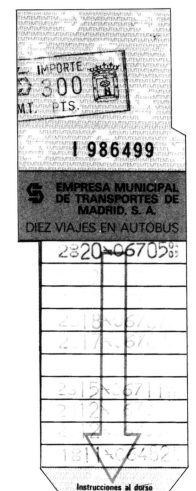

INSTRUCCIONES

* Esta tarjeta se utilizará únicamente en las líneas normales de autobuses. Será válida como título de transporte hasta el próximo cambio de tarifas.

* Por favor, no doble Vd. la tarjeta.

* En caso de cualquier anomalía, presente la tarjeta al cobrador del autobús.

* La tarjeta será presentada a cualquier empleado de la empresa que lo solicite.

BONO
BUENO
EL
BONO BUS

* rapidez
* comodidad
* economía

E23

Lucky you! On some Bono Bus tickets there are special offers.

1 The next time you order a baked potato, will you get it free or will you get 100 pesetas off the price?
2 Copy this box and check off which of the following fillings are offered.

Filling	
Chili and cheese	
Bacon and tomato	
Bacon and cheese	
Baked beans	
Broccoli and cheese	

E24

Looking through the bus guide, you realize that your friend, who is arriving in Madrid by plane, can take a bus from the airport. What are the four advantages of this service?

LINEA AEROPUERTO

- TODAS LAS PLAZAS SENTADAS
- AMPLIAS BODEGAS PARA EQUIPAJES
- LA DURACION APROXIMADA DEL RECORRIDO ES DE 30 MINUTOS
- SERVICIO DE TAXIS Y CONSIGNA EN LA TERMINAL

E25

You're on summer vacation in Arenal, Majorca. One Saturday you go to spend the evening in the Plaza España in Palma.

1 How often do the buses that return to your hotel run?
2 When does the last bus leave?

C En autocar

AHORA **8** SERVICIOS DIARIOS
(DESDE EL 18 DE AGOSTO)
POR AUTOPISTA

viacarsa

4, BARCELONA-BILBAO
4, BILBAO-BARCELONA

SALIDAS SIMULTANEAS DE BARCELONA Y BILBAO

7.30 - 10 - 15.30 y 23

DURACION DEL VIAJE: 6,45 h.

EL SERVICIO MAS RAPIDO EN TRANSPORTE DE PAQUETERIA
EN CADA SERVICIO

Autopullmans de alto standing, dotados de: aire acondicionado, bu-
tacas reclinables y separables, dos pantallas de vídeo, w.c., frigorífi-
co, música ambiental
Desde Bilbao, enlaces diarios con SANTANDER, ASTURIAS, GALI-
CIA y SAN SEBASTIAN. Desde Barcelona, enlaces diarios con
"TRASMEDITERRANEA" (BALEARES) y COSTA BRAVA
En Barcelona: **VIACAR, S. A.,** c. Tarragona, 169 (esquina Mallorca).
Tels. 423-66-31 y 424-46-52. – En Bilbao: **ANSA,** c. Autonomía, 17. Tel.
432-32-00 – (VENTA ANTICIPADA DE BILLETES)

E26

You are staying with a family in Barcelona. One of their cousins, who lives in Bilbao, is coming to visit them. Instead of driving, he is going to come by bus. You all check the details of the service before finalizing the arrangements.

1 Will the cousin be able to return to Bilbao by the same route?
2 Does the bus travel on the highway?
3 Are the departures from Barcelona later than those from Bilbao?
4 If he plans to arrive mid-afternoon, what bus should he take?
5 At what time will he arrive if he travels overnight?
6 Name four things that the buses are equipped with.
7 What are the possibilities of traveling to Santander from Bilbao?
8 When may tickets be purchased?

P

Para los largos recorridos, ¿prefieres viajar en autocar o en coche? ¿Por qué? Habla sobre las ventajas de cada uno con tu compañero(-a).

D   En barco

E27

While on vacation in Tenerife, you want to take a day trip to the island of Gomera. Your parents ask you to explain this special notice to them.

1 Why has there been a change in the services for Sunday, April 19?
2 If you leave Los Cristianos, in Tenerife, at 10 a.m. to spend the day on Gomera, what is the latest boat you can take back?

FERRY GOMERA
AVISO IMPORTANTE

Con motivo de las próximas fiestas de Semana Santa la Compañía tiene previsto realizar **dos viajes extraordinarios** el **Domingo, día 19 de Abril.**

Por tanto, el horario para ese día queda establecido de la siguiente manera:

Salidas San Sebastián-Los Cristianos: 8.00 horas
13.00   »
18.00   »
Salidas Los Cristianos-San Sebastián: 10.00 horas
15.00   »
20.00   »

Santa Cruz de Tenerife, 8 de abril.

LA DIRECCION

E28

Here are the details of another island-hopping offer.

MALLORCA - IBIZA
IBIZA - MALLORCA
120 minutos

MALLORCA E IBIZA, MÁS UNIDAS QUE NUNCA

Con **HIDROJET,** entre Mallorca e Ibiza prácticamente no hay distancia. Porque sólo tarda 120 minutos en ir de una isla a la otra. Porque le acerca a la diversidad cosmopolita de Mallorca y sus grandes centros comerciales, del mismo modo que le lleva a Ibiza para que descubra personalmente su artesanía, comercio, calas y fascinantes noches.

Anímese, el próximo HIDROJET está a punto de despegar.

TARIFAS

Mayo, Junio y Septiembre
3.550, pts. por trayecto
3.195, pts. por trayecto *(residentes)*
6.390, pts. Ida y vuelta
5.680, pts. Ida y vuelta *(residentes)*

Julio y Agosto
3.750, pts. por trayecto
3.375, pts. por trayecto *(residentes)*
6.750, pts. Ida y vuelta
6.000, pts. Ida y vuelta *(residentes)*

HORARIOS

Salidas de Palma
(01/05 al 15/6 y 16/09 al 30/09,)
Diario a las 09.00 h. ·
(16/06 al 15/09,)
Diario a las 09.00 y 16.00 h.

Salidas de Ibiza
(01/05 al 15/06 y 16/09 al 30/09,)
Diario a las 19.00 h.
(16/06 al 15/09,)
Diario a las 12.00 y 19.00 h.

1 What are the attractions of Ibiza according to the offer?
2 How much more expensive is it to make a round trip in August than in June?
3 What is the maximum number of hours you can spend on the island of Ibiza in August if you wish to return the same day?

E29

On vacation on the Costa Brava, you see this ad for boat trips.

1. What can you learn about the Costa Brava by going on a boat trip?
2. What are the attractions of the barbecue trips?
3. When precisely can you go on the barbecue trips from Ampuriabrava?

Excursiones Marítimas Ampuriabrava

DESCUBRA LA INCOMPARABLE COSTA BRAVA POR EL MAR
PARA CONOCER, ADMIRAR Y CONOCER DE CERCA
SUS MARAVILLOSOS PAISAJES, PLAYAS Y ACANTILADOS

Haga una excursión marítima en nuestros barcos a:

Estartit • L'Escala • La Foradada • Islas Medas • Cadaqués • Piratafar
Noche de Ronda • Rosas • Santa Margarita • Y canales de Ampuriabrava

SALIDA LOS MIERCOLES Y VIERNES

Barbacoa

Excursión especial visitando la Bahía de Rosas y canales de Ampuriabrava con desembarco en un típico lugar para la «GRAN BARBACOA»

MENUS
TODO INCLUIDO

Ensalada a la noche, parrillada de carne a la catalana, helado sangría y gran cremat.
Con espectáculo flamenco.

Salida de Ampuriabrava............ 19,30 h.		Precio por persona................ 1.400 pts.
Salida de Santa Margarita........ 20,00 h.		Precio niños............................. 700 pts.

E30

Your Spanish friend's family is planning to visit England in April. They are traveling by ferry according to the information in this brochure.

1. How much will it cost two adults, without a car, to book one-way tickets for a double cabin with wash-basin, in April?
2. When does the boat leave Santander in May?

TARIFAS — *SANTANDER-PLYMOUTH-SANTANDER - (en pesetas)*

Todo el año	Conductores Pasajeros en coche Pasajeros en moto	Pasajeros a pie Pasajeros en bici
Adultos	11.400	12.400
Niños (4-13 años)	5.800	6.200

ACOMODACION

	17 Enero / 17 Julio 16 Septiembre / 15 Diciembre	18 Julio / 15 Septiembre
Suite	13.000	16.200
Cabina doble ducha y Wc.	6.800	10.000
Cabina doble lavabo	5.200	6.000
Litera en cabina cuádruple ducha y Wc.	2.400	3.000
Litera en cabina cuádruple lavabo	1.800	2.200
Litera en cabina cuádruple	1.600	1.800

VEHICULOS

	E	D	C
Coches hasta 4 m.	10.000	16.000	22.000
Coches hasta 4,50 m.	12.000	18.000	25.000
Coches hasta 5,50 m.	14.000	20.000	29.000
Coche más caravana máx. 11,7 m	19.800	29.800	39.800
Coche más remolque máx. 9,5 m	16.400	25.800	35.600
Suplemento por altura (si mide más de 1,82 m)	4.000	4.000	4.000
Motos	3.600	5.200	7.000
Bicicletas	Gratis	1.200	1.600
TARIFAS ESPECIALES 8 DIAS IDA/VUELTA (mínimo 2 adultos)			
Coches (cualquier medida)	12.000	23.400	39.800
Coche más caravana máx. 11,7 m	28.400	47.800	73.000
Coche más remolque máx. 9,5 m	20.800	39.000	61.000

PROMOCION ESPECIAL
- En Salidas E, el transporte del coche resulta gratis si viajan 3 adultos. En esta Promoción Especial 2 niños equivalen a un adulto.
- En Salidas D, un pasajero adicional viaja gratis si con el coche viajan 3 adultos.

SALIDAS SANTANDER - PLYMOUTH

E	18 Enero / 23 Junio
D	28 Junio / 4 Agosto
C	9 Agosto / 1 Septiembre
D	6 Septiembre / 6 Octubre
E	10 Octubre / 15 Diciembre

Del 18-1 al 9-5, lunes y jueves, a las 18,30 b.
Del 12-5 al 13-9, martes, 11,00 y jueves, a las 14,00 h.
Del 15-9 al 15-12, lunes y jueves, a las 18,30 h.

SALIDAS PLYMOUTH - SANTANDER

E	17 Enero / 18 Mayo
D	23 Mayo / 6 Julio
C	11 Julio / 17 Agosto
D	22 Agosto / 28 Septiembre
E	2 Octubre / 14 Diciembre

Del 17-1 al 11-5, domingos y miércoles, a las 10,00 h.
Del 16-5 al 14-9, lunes, 8,00 y miércoles a las 11,30 h.
Del 18-9 al 14-12, domingos y miércoles, a las 10,00 h.

E   En avión

E31

If you were unfortunate enough to land in Spain and to find that your luggage had been misplaced, which counter would you go to, **A** or **B**?

A

Reclamación equipajes

B

Recogida equipajes Canarias y extranjero

**BIENVENIDO A
IBERIA
BARCELONA**

257

C

E32

When you go to buy a ticket at the busy Iberia desk at Barcelona airport, you take a numbered ticket and wait your turn. At least they are polite! What does the numbered ticket say?

P

¿Has viajado alguna vez en avión? ¿Adónde has ido? Si tu respuesta es no, ¿te gustaría viajar en avión? ¿Por qué(no)?

TARJETA DE EMBARQUE

✳

Y

INFORMACION AL PASAJERO

Vuelo	Destin	Hora Límite	Puerta	Acceso a bordo	Su asiento
IB 342	JFK	16.50	I02		14J

ROUVE/SMRS

MAD/26OCT   M 103

Conserve esta tarjeta hasta su destino ⟶ ✳

ib-2867

E33

This person is on her way back to New York. See what you can find out. Which of the following statements are true?

1 It is a TWA flight.
2 The final check-in time is 4:50 p.m.
3 The person has asked you for a seat in the smoking section.
4 Once on board the plane, you no longer need this boarding pass.

E34

Your Spanish friend Juana is planning to come to London and spend Christmas with some friends. She finishes school on December 21 and has seen this ad.

1 Can she get one of the special flights?
2 How much is the cheapest round-trip ticket?
3 An English friend working in Spain wants a round-trip ticket home for Christmas. He plans to travel on a Thursday. How much will it cost?

E35

Something went wrong here, though the agency tried hard to correct things! See if you can figure out the details concerning the reservation, the problem that has arisen, and what Puri has been asked to do.

AIREJET, S. L., PLAZA DE ORIENTE 16A, 03180 TORREVIEJA (ALICANTE)
G.A.T. 1.337   TELEFS. (96) 571 63 51 / 571 62 12 - TELEX: 63655 AJET E

AEDAVE   FECHA: 20-08

№ 000864 **T**

NOMBRES: ROUVÉ M₂S S.

CONTACTO: A TE atcion PURI

BONO A FAVOR DE VIAJAR A NORA

TELEFONO:

NUMEROS VUELOS	Clase	FECHAS	CIUDADES		NUM. PAX	HORARIOS		SIT.
			DE	A		SAL.	LLEG.	
1 KT 503		20 Aug	ALC	ORD	1	20⁴⁵	22³⁰	04
2								

PURI ESTA Sra tiene el billete reservado para mañana pero tiene que salir en el KT 503 que sale hoy. Por favor cámbialo si puedes gracias

E36

Here is an advertisement extolling the virtues of flying. What are the advantages mentioned?

SOLO EL VIDEO ES MAS RAPIDO.

La forma más rápida de contemplar otros lugares, playas, campos, gente divirtiéndose... es el vídeo.
    Pero ¿por qué conformarse con ver paisajes si puede estar en ellos?

Volando, puede ir de un lado a otro de España en pocos minutos. Sin perder su tiempo en largos y agotadores viajes.
    Además, en avión se evita atascos, caravanas, averías, comidas, meriendas y cenas.

Y llega tan fresco.
Si no le basta con ver cómo se divierten otros, vaya volando y hágalo usted.
Con Iberia.

IBERIA i
LINEAS AEREAS DE ESPAÑA

Compañías charter amenazan con querellarse contra el Estado a causa de los retrasos aéreos

El conflicto de los controladores de Barcelona agrava la situación en el aeropuerto de Palma

Palma. (Redacción) — Acusaciones directas de desinterés y discriminación a los controladores aéreos de Barcelona, búsquedas de alternativas de navegación a través de otros centros de seguimiento, y cierta "picaresca aeronautica" para dar salida a los vuelos, eran las notas destacadas de ayer en el ya crónico conflicto de los retrasos aéreos del aeropuerto de Palma de Mallorca. Algunas compañías "charter" han amenazado con querellarse contra el Estado por el incumplimiento de unos servicios por los que habrán pagado, al final de la temporada, casi 2.500 millones de pesetas.

El fin de semana último, a pesar de los negros presagios que informativamente se hicieron desde Palma, ha transcurrido en un clima de normalidad en relación al anterior, lo cual supone que el promedio de retrasos se situó en las dos horas por vuelo, para un total de 1.052 operaciones de aterrizaje y despegue, y un transporte total de 155.000 pasajeros.

Los retrasos, a tenor de lo que ayer manifestaban los responsables de compañías "charter" y del control de Son Bonet, entre otros, encuentran su explicación en la actitud de los controladores del aeropuerto de Barcelona, "poco proclive a entender los problemas de Palma".

Todos apuntan a Barcelona

Así, fuentes responsables de la "charter" hispano-británica Air Europa afirmaban que el problema que se da en Barcelona es el de una restricción sistemática del tráfico hacia Mallorca cuando el control sufre de "atosigamiento" por aumento del número de vuelos y que tal desigualdad en el trato puede detectarse en el diferente tiempo de los "slots" (previsiones de operación de vuelo). Mientras que es frecuente, según esta compañía, que los "slots" para vuelos hacia o desde Valencia o Alicante sean de 5 horas (lo cual permite una programación de mayor seguridad), los adjudicados a Palma no pasan de las dos.

E37

Sometimes, it is not such a good idea to fly. Charter companies have certainly had their problems! Your Spanish friend, remembering how late your plane was, sends you this article.

1 Where have the problems been occurring?
2 Who is being blamed?
3 What are the charter companies threatening?
4 Compared to the previous one, what was last weekend like?
5 What does Air Europe claim is happening to Mallorca-bound planes?
6 What comparison is being made with flights to Alicante?

E38

Finally, this article shows the scale of the problem of air traffic delays.

1 Did delays in June 1991 grow more frequent or less frequent than in June 1989?
2 Which suffer most: scheduled flights or charter flights?

Debida a la situación de congestión de tráfico aéreo en el cielo del continente

En tres años, la impuntualidad del transporte regular europeo se ha triplicado

L.H.

La impuntualidad de los vuelos de las compañías aéreas europeas de carácter regular, debida a la congestión del tráfico aéreo en el cielo del continente, ha aumentado de forma considerable en el primer trimestre del año hasta el punto de que se ha triplicado con respecto a los tres últimos años. A pesar de que el pasajero de vuelos regulares no sufre retrasos de la magnitud que soporta el usuario de vuelo charter, la situación parece agravarse por momentos.

Los considerables retrasos que han venido sufriendo los vuelos regulares de las compañías pertenecientes a la Asociación Europea de Líneas Aéreas (AEA) en los últimos meses preocupa al secretario general de dicho organismo, Karl-Heinz Neumeister, quien considera apremiante que se incrementen las inversiones en las instalaciones de Control de Tráfico Aéreo (ATC).

La Asociación Europea de Líneas Aéreas (AEA) acaba de publicar -según ha informado la compañía Iberia, miembro de dicho organismo- las estadísticas referentes al primer semestre del año 1991, las cuales ponen de manifiesto cómo el número de retrasos a causa de la congestión en el espacio aéreo fue, en junio del presente año, el triple de 1989.

Salidas de vuelos europeos con retrasos superiores a 15 minutos

- 1989
- 1990
- 1991

F   En metro

E39

There is a subway system in Madrid, Valencia, and
Barcelona. It is a very convenient, quick, and
cheap way to travel.

1 Which ticket (**A** or **B**) is for a round trip?
2 What are you told to do on both tickets?
3 What further instructions are you given on **B**?

METRO
0472
SENCILLO

UTILIZACION
SEGUN TARIFAS

CONSERVESE
HASTA LA SALIDA

0 6 9 9 9

A

METRO

IDA Y VUELTA

UTILIZACION
SEGUN TARIFAS
CONSERVESE
HASTA LA SALIDA

NO DOBLAR
ESTE
BILLETE

IMP

095456

B

E40

Every city wants you to visit the sights.

Here is some information about how you can see the sights in Madrid with Metrotour!

Qué es Metrotour

Si usted ha venido a conocer y
disfrutar de nuestra ciudad, hágalo
ahora, Metro a Metro, con Metrotour, la
tarjeta turística del Metro de Madrid.

La tarjeta Metrotour le permite viajar
en Metro durante 3 ó 5 días consecutivos,
por sólo 575 ptas. y 850 ptas.
respectivamente. Y realizar en ese
período todos los trayectos que quiera
o necesite en sus desplazamientos.

La tarjeta Metrotour lleva la firma del
usuario titular, estando autorizados los
empleados del Metro a solicitar su
identificación mediante pasaporte o
D.N.I. si es necesario. Y se puede adquirir
en cualquiera de las taquillas existentes
en las estaciones del Metro de Madrid.

Con Metrotour usted sólo obtiene
ventajas. Ahorra dinero en sus
desplazamientos. Y aprovecha
mejor su tiempo conociendo
todo lo que Madrid
puede ofrecerle.

Pida la tarjeta
Metrotour y... ¡feliz
estancia en Madrid,
Metro a Metro!

¡Bienvenido a Madrid
con Metrotour!

MetroTour

¡Descubra Madrid...!

Descubrir Madrid cada día es algo
nuevo y diferente. Desde el Madrid de los
Austrias, recio y elegante, hasta el Madrid
moderno lleno de bullicio y ambiente,
Madrid es una ciudad viva y atrayente que
gusta a todos los que la visitan.

Para conocer y disfrutar mejor de todos
los rincones de esta gran ciudad, utilice la
tarjeta Metrotour y siga las rutas que este
Madrid, Metro a Metro, le ofrece.

Siempre hay un Metro cerca de usted
para llevarle. Mire las líneas y sus
estaciones y elija lo que más le interese
de Madrid..., en Metro.

1 How much will a five-day ticket cost?
2 What will it allow you to do?
3 Where can you buy one?
4 What are the different ways Madrid is described?

G En tren

It is important to understand timetables.

1 You go to the railway station to meet a friend who has caught the express from Jaca. When is the train due?
2 You also make a note of the departure time of the express to Madrid. What is it?

E42

1 Which ticket (**A** or **B**) is for a one-way trip?
2 Which trip is shorter?
3 Which trip is the most recent?
4 Is either ticket in first class?

Here are details of two special excursions by train. See if you can answer the questions.

E43

1 What is the purpose of the trip?
2 On which day of the week does the event take place?
3 Which is the first day of operation?
4 How much does a round-trip ticket cost?

5 Name two of the places where you can get the tickets.
6 What time does the train leave Salamanca in the morning and get back in the evening?

RENFE INFORMA

TREN ESPECIAL AL MERCADO DE VILAR FORMOSO

DIA 2 DE JUNIO   PRIMER DIA DE CIRCULACION

El primer sábado de cada mes circulará tren especial con destino al mercado de Vilar Formoso.

El precio del billete ida y vuelta es de 490 ptas

El tren que circulará será con plazas limitadas

Los billetes se podrán sacar con antelación en la propia Estación o en la Oficina de Viajes de RENFE (Plaza de la Libertad). A partir del día 14/5.

HORARIO

S.	7,45	Salamanca	Ll.	20,02
Ll.	9,51	F.Oñoro	Ll.	17,18
Ll.	10,05	Vilar Formoso	S.	17,15

Los horarios están reflejados en horas Españolas

 RENFE

E44

List which of the following statements are true.
1 You have to book in advance.
2 The excursion takes place on a normal Renfe train.
3 The excursion only runs on certain weekends.

4 The price includes entrance fees to a museum.
5 The excursion takes place throughout the summer.
6 This excursion is a new event.

MADRID-ARANJUEZ-MADRID

EL TREN DE LA FRESA VUELVE A PITAR.

Comunidad de Madrid
Consejería de Trabajo, Industria y Comercio.
Dirección Gral de Turismo

El éxito del Tren de la Fresa nos ha obligado a ponerlo de nuevo en marcha. Para que Vd. pueda disfrutar del dorado Otoño de Aranjuez y viajar en un Tren de época, atendido por azafatas que le obsequiarán con productos típicos de Aranjuez.

☆ SALIDAS: Todos los sábados, domingos y festivos, desde el 8 de septiembre al 21 de octubre, desde la Estación de las Delicias, sede del Museo Nacional Ferroviario.

☆ PRECIO: 975 ptas. ida y vuelta, incluyendo las visitas al Palacio y a la Casa del Labrador, así como al Museo Nacional Ferroviario antes de la salida.

☆ HORARIO:

10,00 h. ↓	MADRID	↑	20,05 h.
11,05 h. ↓	ARANJUEZ	↑	18,50 h.

Información y venta en Agencias de Viajes y puntos de venta habituales de RENFE.

AYUNTAMIENTO DE ARANJUEZ

HAGA SU RESERVA CON ANTELACION. LAS PLAZAS SON LIMITADAS.

 RENFE

TARJETA FAMILIAR. (A)

COMO VIAJAR TODOS JUNTOS POR MENOS.

Si quiere viajar con los suyos, hágalo adquiriendo la Tarjeta Familiar de Renfe. Con ella podrá viajar con todos por menos de la mitad, en algunos casos.

Fíjese. El titular paga el billete entero. Su cónyuge o los adultos el 50% menos. Los niños de 4 a 12 años sólo pagan el 25%. Los menores de 4, ni eso. Van gratis.

Así, usted puede viajar cómodamente con los suyos. Sin atascos, nervios o paradas de más. En cualquiera de los muchísimos días azules del año. En recorridos superiores a 100 kms. y en todo tipo de trenes y clases. Siempre que su familia sea de tres o más personas.

La Tarjeta que da acceso a todos estos descuentos, la puede adquirir por 105 Ptas. en cualquiera de las taquillas de Renfe, o en Agencias de Viajes. Para ello sólo es necesario la presentación del Libro de Familia u otro documento que acredite la convivencia en común. Esta Tarjeta Familiar será válida durante un año.

Cuando viaje beneficiándose de sus descuentos, no olvide llevarla consigo, puede ser reclamada por algún empleado.

Además de todo, puede llevar su coche en Auto-Expreso con usted. Y lo puede llevar incluso gratis.

Si viajan todos juntos, viajen por menos. En los días azules. Viaje más, por menos.

BILLETES IDA Y VUELTA. (B)

COMO IR Y VOLVER POR EL 20% MENOS.

Si usted es de los que va de aquí para allá, Renfe dispone de la tarifa especial ida y vuelta, para que viaje con el 20% de descuento.

En cualquiera de los muchos días azules del año. En todo tipo de trenes y clases, siempre que su viaje sea superior a 200 Kms. usted puede contar con este descuento. La vuelta, dejándola en fecha abierta, la podrá realizar hasta dos meses después de la ida.

Si su viaje es de cercanías o inferior a los 200 Kms. usted puede beneficiarse de un descuento del 25%, durante todos los días del año, excepto sábados y festivos. En Unidades Eléctricas, Ferrobuses o Automotores, y realizando la vuelta en la misma fecha que la ida.

Si va y vuelve a menudo en largo recorrido, viaje en días azules. Viajará más por el 20% menos.

Si además viaja con Chequetrén, consigue otro 15% de descuento.

AUTO-EXPRESO. (C)

COMO LLEVAR EL COCHE GRATIS EN TREN.

Si usted quiere disponer del coche en su punto de destino, Auto-Expreso se lo puede llevar hasta gratis.

Durante los muchos días azules del año, en cualquier recorrido que disponga de este servicio, usted cuenta con una amplia gama de descuentos.

Fíjese. El 20% de descuento cuando se han adquirido 1 ó 2 billetes individuales. Si los billetes son tres, el 40%. Si 4, el 60%. Con cinco billetes o más, sólo paga el 20%.

En trayectos de ida y vuelta, aún es mayor el descuento. Con uno o dos billetes, el 60% menos. Con tres paga el 25%, y con cuatro o más, ni eso. El coche va gratis.

Si quiere salir del tren en coche, hágalo gratis en los días azules. Con Auto-Expreso.

E45

Here are details of special reductions for certain groups of travelers. Which of these (**A–F**) is intended to appeal to:

1 students
2 senior citizens
3 businessmen and women and their spouses
4 motor-rail vacationers?

TARJETA JOVEN. (D)

COMO VIAJAR POR LA MITAD HASTA LOS 26.

Si quieres viajar, ahora puedes hacerlo por el 50% menos.

En días azules, la Tarjeta Joven de Renfe te lleva por todo el país a mitad de precio.

En recorridos de 100 km. como mínimo, o 200 kms. en viajes de ida y vuelta.

Además, Renfe te regala con tu Tarjeta Joven un recorrido en Litera. Esta Litera es totalmente gratis, y es utilizable conjuntamente con tu billete del 50% menos.

La Tarjeta joven la puedes adquirir por 2.500 Ptas. en cualquiera de las taquillas Renfe, y es válida del 1 de Mayo al 31 de Diciembre. Sólo tienes que presentar tu D.N.I. o algún otro documento oficial, que acredite tu edad.

Si tienes más de 12 años y aún no has cumplido los 26, todos los viajes que realices en días azules se te quedan en la mitad. Disfruta el doble, por menos.

TARJETA DORADA. (E)

COMO VIAJAR DESPUES DE LOS 60 POR MENOS.

Ahora que por fin tiene tiempo para disfrutar, con la Tarjeta Dorada de Renfe lo puede hacer por la mitad.

Si es usted mujer de más de 60 años u hombre de más de 65, ahora puede beneficiarse con el 50% de descuento en todos sus viajes.

Para recorridos de más de 100 kms. o de 200 kms. en los viajes de ida y vuelta. Renfe pone a su disposición multitud de días azules para que usted viaje en cualquier tipo de tren y clase.

Si por el contrario su viaje es inferior a los 100 kms., éste lo puede realizar en cualquiera de los 365 días del año, en trenes de cercanías. Siempre a mitad de precio. Y fuera de horas puntas.

Si quiere viajar cómodamente, sin apreturas, atascos u otras historias: viaje en tren.

Ya sabe, después de los 60, el 50% menos.

Adquiera en cualquiera de las taquillas de Renfe y por sólo 105 pesetas, la Tarjeta Dorada. Y benefíciese de los días azules. Y de los otros. Por menos.

TARIFA ESPECIAL PAREJAS. (F)

COMO VIAJAR EN COCHE CAMA ACOMPAÑANDO A SU PAREJA POR ALGO MAS DE MIL PESETAS.

Los que viajan de noche en tren, ganan el día y convierten los negocios en placer, llevando a su pareja.

En todos los días azules del año, viaje en coche cama, con su pareja. Por todo el Territorio Nacional. Con un billete entero y poco más de 1.000 pesetas.

Cómodamente, sin atascos, nervios o paradas de más. En Tren.

Utilice la Tarifa Viaje con su cónyuge en coche cama, y comprobará que para los negocios no hay nada como viajar dormido para llegar despierto. En compañía.

Por poco más de 1.000 pesetas no viaje solo.

Si además lo hace con Chequetrén, conseguirá otro 15% de descuento.

Chapter 10
Alojamiento y vacaciones

¡Vivan las vacaciones en España, sean en hoteles, campings, albergues o viviendo con una familia! España es el país festivo por excelencia. ¡Aquí está tu guía!

A   Hoteles

HOTEL LLOYD   Avda. de Montemar, nº. 74   **TORREMOLINOS**   Telf: 38 64 11

SITUACION : En la zona de Montemar, zona residencial en la salida de Torremolinos dirección Crta. de Cadiz. Dista 200 metros de la playa de la Carihuela y 300 metros del centro del pueblo.

EDIFICIO : Consta de dos edificios; uno de cinco plantas de muy reciente construcción y otro de dos plantas, típico andaluz.

HABITACIONES : Dobles y triples, con posibilidad de camas supletorias. Todas ellas con cuarto de baño privado.

INSTALACIONES

COMPLEMENTARIAS : Bar, salón social con T.V. y piscina.

EXCURSIONES : Tivoli, Nerja, Ronda, Granada, Ceuta, Gibraltar. Para esta última, necesario pasaporte en vigor.

NIÑOS : Entre dos y nueve años tienen un descuento del 50%.

Precio por persona en Pensión completa en turnos de 15 días (14 Pensiones Completas) Excepto Septiembre y Octubre, que son 14 días (13 Pensiones Completas)								
1 - 15 Junio	16 - 30 Junio	1 - 15 Julio	16 -30 Julio	1 -15 Agosto	16 - 30 Agosto	1 - 14 Sept.	14 - 27 Sept.	27 Sept. 10 Octb.
17.000	19.100	23.300	26.800	31.840	26.800	21.200	18.600	16.000

E1
Your family is looking forward to going to Spain on vacation and you look through some brochures from the Spanish Tourist Office.
Here are details of a possible hotel on the Costa del Sol.
1 How far is the hotel from the beach?
2 You are a family of four. Would one bedroom be enough?
3 What services does this hotel offer?
4 You have to go in August. Your parents prefer the third and fourth weeks. How much will it be for you, your parents, and your seven-year-old brother?
5 Does the price include all meals?

P

a ¿Por qué te interesaría este hotel? Discute con tu compañero(-a).
b ¿Dónde te gusta pasar las vacaciones? ¿Por qué?

E2

You have written to a hotel asking about accommodations in July and have received this reply. What kind of room has the hotel reserved for you? What must you do now?

HOTEL RESIDENCIA
"Murillo"
LOPE DE RUEDA, 7 y 9
(BARRIO STA. CRUZ)
SEVILLA
Teléf. 21-60-95   Telgs. MURILLOTEL

HR

PARA: Sr. David Hill
Sres. 187 E. Federal Street
Boston,
Massachusetts
U.S.A.

IMPRENTA BLANCO S. A. - ANDUJAR

Sr/Sres. : _____   (personas) Sevilla ___18-5___

Ref. Su escrito   fecha 10-5
      N/   fecha

Muy Sr.(s) nuestro(s)

De acuerdo con su citada, tenemos el gusto de:

RESERVAR   FECHAS

Una habitación doble con baño privado   por los dias 20,21,22,23 y 24 Julio –

ANULAR

            Precio por día solo alojamiento 3650 Ptas.

ADJUNTAR

OBSERVACIONES Como confirmación agradeceríamos el envío de un depósito
por importe de 5000 Pesetas.-

Aprovechamos la ocasión, para saludarle(s) muy atentamente.

H... ....RILLO
Lope   9
SEVILLA, ...

E3

If you had been to a late night disco at the hotel, which sign (**A** or **B**) would you leave on your hotel door for the maid the next morning?

A

NO MOLESTEN

B

Por favor, arregle la habitación de inmediato

E4

In your room you might find a questionnaire to fill out like this one, so you can give your opinion of the hotel's services.

Agradeceremos nos indique si los servicios de nuestro hotel fueron, a su juicio: (Señalando con una X el recuadro que Vd. estime oportuno dejando en blanco los dos siguientes del mismo Servicio).

	lo que Ud. esperaba	Inferiores a lo que Ud. esperaba	mejor de lo que Ud. esperaba
Piscina	101	201	301
Facilidades para niños	102	202	302
Entretenimientos	103	203	303
Ascensores	104	204	304
Calefacción/Aire acondicionado	105	205	305
Agua caliente	106	206	306
Lavandería	107	207	307
Recepción	108	208	308
Conserjería	109	209	309
Servicio de habitaciones	110	210	310
Servicio de restaurante	111	211	311
Comida	112	212	312
Teléfono	113	213	313
Picnic	114	214	314
Servicio de Bar	115	215	315
Servicio de Bar/Salón	116	216	316
Cominas para niños	117	217	317
Servicio de camareras	118	218	318
Limpieza	119	219	319
Servicio de equipajes	120	220	320

ROGAMOS DEPOSITE ESTE CUESTIONARIO EN RECEPCION, SI ES POSIBLE AL PRINCIPIO DE SU ESTANCIA.

Nombre: Hotel: Habitación n.º

¿Cómo escogió Ud. este hotel? (Si lo hizo a través de una agencia, rogamos indique su nombre).

_____

¿Tiene Ud. alguna sugerencia para una mejora de nuestro servicio? _____

_____

_____

1 Which box numbers will you check if entertainment, food, and cleanliness are above average?
2 What else are you asked about?

B Apartamentos

E5

If you do not want to go to a hotel, you could try renting an apartment. Here are some vacation homes for rent by the ocean. Which number would you call if you were interested in the following:

1 Renting a new chalet in September in Majorca
2 An apartment near the beach in August on the north coast of Spain
3 A small apartment for three with sports facilities
4 Renting a furnished place near the beach at Alicante?

P

¿Cuáles de estas posibilidades elegirías tú? ¿Por qué?

E6

No doubt if you rented an apartment, you would receive a note like this one from the owner. Explain the details.

> He recibido la cantidad de 33.000 pts. de Don Dámaso López en concepto de pago del disfrute del piso sito en la c/ Jimenez Díaz nº 11 de Santander desde el 30 de Julio al 13 de Agosto.

E7

This complex of apartments looks especially attractive. Which of the following facilities does the complex have?

1 Indoor swimming pool
2 Miniature golf
3 Separate children's pool
4 Satellite TV
5 Game room
6 Supermarket on site
7 Disco
8 Gardens

C   Campings

E8

Your friend Joanna is thinking of going camping in Spain. Which site(s) would you recommend if she wants one with a swimming pool and sports facilities?

Camping Cala Montgó

L'ESCALA. COSTA BRAVA
Piscina y Bungalows
Teléfono: (972) 77 08 66

IDEAL PARA SUS VACACIONES

La Playa de Pals es un lugar ideal para la práctica de todos los deportes náuticos, así como la pesca, tanto marítima como fluvial en el río Ter.

PISCINA Y PISTAS TENIS

17256 Playa de Pals
Tel. 972 - 63 67 31
COSTA BRAVA

CAMPING · CARAVANING

50 mts. Playa, Discoteca y Todos los servicios. La Fosca-Palamós Costa Brava

T. 972/ 31 75 11

JUNTO AL MAR
UN NUEVO CONCEPTO DE CAMPING

CASTELL MAR

Platja de la Rubina - Badia de Roses
17486 CASTELLÓ D'EMPÚRIES (GIRONA)
Tel. 972 / 45 08 22 - 93 / 322 14 12

El mejor Camping de la Costa Brava
vean y comparen
Ctra. Palafrugell a Pals Km. 5
GERONA

T. 977/ 63 69 28

En Peñiscola

CAMPING EDEN

Capacidad 350 Plazas, Rest.-Bar con terraza, supermercado, prensa, 6 bloques sanitarios completos, agua caliente en duchas, serv. médico permanente, vigilante nocturno, piscina adultos y niños con socorrista, parque infantil.

Ctra. CS 501 BENICARLO-PEÑISCOLA
km. 6 Tel. (964) 48 05 62 Peñiscola-Castellón

E9

This also seems like a good campsite. Which features make it attractive?

Situado en uno de los mejores parajes del litoral con frondosos bosques frente al mar y a 3 km. de la playa. Posee una impresionante piscina de 1.000 m^2 adornada con una gran fuente luminosa diseñada por el famoso Buhigas.

Ctra. de L'Arboç 8, km. 25
VILLANOVA I LA GELTRU
T. 893 34 02

Camping
MAS NOU

3 piscinas, 2 tenis minigolf. Mucha sombra. Supermercado-Rest. Alq. Bungalows
Ctra. Rosas frente Ampuria Brava
17486 Castelló Ampurias

T. 972 - 25 05 75

P

¿Cuál sería tu lugar ideal para hacer camping? Descríbelo.

E11

When camping, certain rules have to be followed. Which of the following statements are true?

1 Charges are billed from noon to noon.
2 Weekly accounts are presented on Sundays.
3 Checks are accepted.
4 Woodfires are not allowed.
5 Noise after 11:30 p.m. is forbidden.
6 Clothes can be dried on tent ropes.
7 The management recommends:
   a) not to sunbathe on the first day
   b) not to walk along the cliffs alone
   c) not to go swimming
   d) not to interfere with birds or their nests.

- Por favor, deposite los desperdicias en los recipientes dispuestos a tal fin.
- La facturación se cierra a las 12 del mediodía; a partir de esa hora se cargará un día más.
- Las estancias superiores a una semana se facturarán cada sábado.

NO ESTA PERMITIDO:

- Practicar actividades que atenten contra el silencio, de 11,30 de la noche a 8 de la mañana.
- Hacer fuego con leña.
- Portar armas y demás objetos que puedan causar accidentes a los acampados.
- Tender prendas de vestir en las cuerdas de las tiendas.
- Acotar más terreno que el necesario.

No se admiten talones bancarios.

RECOMENDAMOS

- No abuse al tomar el sol el primer día.
- Las playas son empinadas; tenga cuidado al bañarse.
- No ande solo por los acantilados. Cualquier sencillo incidente podría resultar comprometido en tales circunstancias.
- No se acerque demasiado a las zonas donde rompe el oleaje.
- No moleste a las aves ni toque sus nidos (está prohibido bajo multa). Respete la fauna y la flora.
- Colabore con el personal de guardería del Parque, en el cuidado de la isla.
- No dude en consultarnos en cualquier ocasión. Estamos a su disposición.

Muchas gracias y feliz estancia
LA DIRECCION

CAMPING ISLAS CIES - Tel. 42 16 22 - VIGO

E10

Some of your friends have stayed at this campsite.

Camping Santillana
Teléfono 942-81 82 50
SANTILLANA DEL MAR
Cantabria
1.ª Categoría

MESON RESTAURANTE
BODAS Y BANQUETES

CAMPING SANTILLANA
(Cantabria)

SANTILLANA DEL MAR   CAMPING

Nombre ROBERT
Nacionalidad AMERICANO
D.N.I. LY0YY1SC

Personas............	2 a	220 Ptas.	440
Niños..............	a	Ptas.	
Tienda individual..	a	Ptas.	
Tienda familiar....	1 a	220 Ptas.	220
Automóvil.........	1 a	220 Ptas.	220
Caravana o remol...	a	Ptas.	
Motocicleta.......	a	Ptas.	
Coche-Cama.......	a	Ptas.	
Electricidad......	a	Ptas.	

TOTAL DIA..Ptas. 880 + 6 %IVA

Fecha entrada 15-3   Fecha salida 16-3

CAMPING SANTILLANA 1.ª CATEGORIA
Por favor, coloque el número de placa, que se le ha entregado en Recepción, en lugar visible (tienda o caravana). Consérvelo para recoger su documentación.
Las duchas de agua caliente funcionan con fichas.
Horario de supermercado y recepción: 8,30 a 22 horas.
Horario de restaurante: 13,30 a 15,30 y 20,30 a 22,30 horas.
Horario piscinas: 11 a 20,30 horas.
Precio especial para campistas: Adultos,100 Ptas. Niños, 50 Ptas.
Las entradas se sacan en las piscinas y sirven para todo el día.
La pista de Tenis cuesta 200 Ptas. por hora y persona.
Campo de Mini-Golf cuesta 200 Ptas. por hora y persona.

1 How many nights did they stay here?
2 What accomodations and transportation did they have?
3 How much did they pay?
4 What other facilities could they have used at the site?

This article mentions some harsh practices being carried out against campers.

1 What is being done illegally on certain camp sites? When? Why?
2 What does the law state concerning:
   a) charges
   b) space?

DENUNCIA

La masificación del turismo y el consiguiente aumento de la demanda ha dado pie a más de un fraude en determinadas instalaciones y servicios para el turista. Desde estas mismas páginas se han denunciado las irregularidades cometidas por agencias de viajes que incumplen las condiciones pactadas con el cliente o por hoteles que ofrecen servicios deficientes. Ahora, le ha llegado el turno a los campings de la costa española.

En la Costa Dorada
ABUSOS CONTRA CAMPISTAS

La masiva presencia de turistas permite que algunos campings de la costa cometan abusos con su clientela

Debido a la gran demanda de plazas, desde la segunda quincena de julio y a lo largo del mes de agosto, determinados campings han llegado a impedir la entrada de aquellos clientes que pretendían permanecer durante una sola noche o un fin de semana. Este abuso se ha producido especialmente en establecimientos de la Costa Dorada (Tarragona), zona en la que la afluencia de campistas ha aumentado notablemente este año.

En algunos campings de la costa tarraconense se exige al turista una estancia mínima –normalmente cinco días– o el pago de la cantidad que corresponda a este periodo, aunque el cliente permanezca un solo día. A aquellos veraneantes que, sabedores de sus derechos, se niegan a aceptar tales condiciones no se les permite la entrada.

Este fenómeno se limita al punto álgido de la temporada alta –segunda quincena de julio y primera de agosto–, momento en el que los responsables de los campings saben que tienen el lleno asegurado. Ello les permite seleccionar a los clientes y escoger sólo a aquellos que van a permanecer en el camping durante más tiempo y que, en consecuencia, van a hacer un gasto más elevado. Su razonamiento es sencillo: la ocupación de una plaza durante uno o dos días puede suponer la pérdida de turistas que pretenden plantar sus tiendas durante dos semanas.

Pagan justos por pecadores

Bien es cierto que esta situación no es generalizada y que en la mayoría de campings no ponen trabas a estancias cortas, pero también es verdad que todo depende de la demanda. Aquellos establecimientos que cumplen con la ley se sitúan en zonas en las que la demanda de parcelas de camping permanece estancada o incluso ha disminuido.

Pero la picaresca de que hacen gala algunos puede tener consecuencias nefastas para otros. Los turistas, en especial los extranjeros, no son tontos y a pesar de que acepten con resignación algunas situaciones fraudulentas, ello no significa que se vayan satisfechos del trato recibido. Se les puede engañar una vez pero, al año siguiente, es muy probable que no regresen a aquella zona turística en la que han sido víctimas de abusos. Sin duda, ello afecta negativamente a aquellos campings que actúan dentro de la legalidad y se esmeran en ofrecer un trato correcto al veraneante.

Con la ley en la mano

La ley establece que los campings tienen libertad para fijar los precios de los servicios que ofrecen pero no permite que la contratación se haga por bloques. Esto es, el camping no puede exigir un mínimo de días de estancia ya que el contrato se hace por días sueltos. Otra de las irregularidades habituales en los campings es la presencia de una población superior a la permitida. La ley fija un promedio máximo de 2'5 personas por parcela, limitación que suele ser transgredida en aquellos establecimientos con mayor demanda de plazas.

La contratación por días sueltos es una obligación que se hace extensible a los hoteles, establecimientos en los que también se ha manifestado una cierta tendencia a evitar clientes que quieren pasar sólo el fin de semana. Cualquier hotel o camping que no acepte a un cliente se obliga a éste a pagar un mínimo de cuatro o cinco días, cuando sólo va a permanecer en las instalaciones uno o dos, el fraude es todavía mayor. Estos abusos, además de entrar en la más perfecta ilegalidad, sólo consiguen ahuyentar a un turismo que se siente en su tiempo de veraneo mal tratado y mal recibido.

D Albergues de juventud

E13

Youth hostels offer a cheap way of traveling. While in Spain, you and some friends decide to go off for a few days, staying in *albergues de juventud*. Better check the rules! Match the appropriate Spanish rules **(1–13)** with the following statements **(a–j)**.

a) There are separate male and female dormitories.

b) You must be quiet after 11 p.m.

c) You must have your youth hostel card with you.

d) There is a suggestion box in every youth hostel.

e) Groups of six or more must book in advance.

f) The director can take away your card if you break the rules.

g) You can book directly into a hostel before 8 p.m. if there are vacancies.

h) No food or alcohol is allowed in the dormitories.

i) Each resident of the hostel is responsible for doing a particular task.

j) You can rent bedsheets.

NORMATIVA DE LOS ALBERGUES DE JUVENTUD

1. Se entiende por albergue de juventud todo edificio que de forma temporal o permanente sirva de refugio o de lugar de acogida para niños, jóvenes y para aquellas personas provistas de carnet de alberguista que, en grupo o individualmente, quieran utilizarlo para dormir una o más noches como lugar de paso en su itinerario o en el marco de una actividad.

2. El carnet de alberguista, en sus diferentes modalidades, es imprescindible para la utilización de los albergues de juventud adheridos a la International Youth Hostel Federation, que son más de 5.000 en todo el mundo.
   Es imprescindible que los menores de edad estén debidamente autorizados por sus padres o tutores para poder tramitar el correspondiente carnet de alberguista (que les permite utilizar los albergues).

3. Los grupos de 6 o más jóvenes (hasta 25 años) han de formalizar, con la suficiente antelación, la reserva de plazas correspondientes en la Central de Reservas de «Institut Català de Serveis a la Joventut» de Barcelona, para todos los días que dure la actividad programada.

4. En todos los demás casos: individuales, familiares y grupos de más de 25 años, también se podrá formalizar la reserva con antelación pero la estancia se limitará a tres pernoctaciones. Si la ocupación lo permite, al tercer día, el director podrá autorizar la ampliación en la duración de la estancia.

5. Las inscripciones, individuales o en grupo, que se hagan directamente en los albergues para la utilización inmediata de la instalación, cuando haya plazas disponibles, han de efectuarse antes de las 8 de la tarde. Sólo se podrán tener en cuenta como excepcionales los casos de imposibilidad involuntaria motivada por el retraso en la llegada de trenes o autobuses.
   Los grupos de personas individuales que hayan efectuado una reserva con antelación también deberán formalizar los trámites de entrada antes de las 8 de la tarde.

6. Los albergues de juventud se cierran, según las zonas y las épocas, entre las 23 y las 24 horas. A partir de las 23 horas se observará silencio en la zona de dormitorios. A partir de las 2 horas permanecerán totalmente cerrados.

7. En los dormitorios no se podrá fumar, tomar bebidas alcohólicas ni consumir comida. Sólo se podrá comer en los comedores en las horas que señale el reglamento interno de cada albergue.

8. Cada alberguista realizará la parte de limpieza, adecuación de los dormitorios, servicio de comedor y otros trabajos que indiquen el reglamento interno o el director del albergue.

9. Los dormitorios serán separados para personas de diferentes sexos.

10. Es obligatorio el uso de sábanas o sacos de dormir. En los albergues se establece un servicio de alquiler de sábanas y un servicio gratuito de préstamo de mantas y fundas de almohada.

11. Cualquier desperfecto, no fortuito, en las instalaciones o bienes del albergue será valorado por la dirección y facturado a parte de los servicios solicitados. El alberguista estará obligado a abonar dicho importe inmediatamente y se le contabilizará en la factura-recibo.

12. En cada albergue de juventud habrá un libro de actas que podrá utilizar cualquier alberguista que lo solicite con el fin de hacer constar cualquier sugerencia o anomalía que observe durante su estancia. Deberá hacer constar su nombre completo y el número de carnet de identidad o del pasaporte.

13. El director del albergue podrá retirar el carnet de alberguista a aquellas personas que incumplan el reglamento o no abonen los gastos realizados.

E Casas particulares

¿ cinturones
2 pijamas (#)
3 camisas ⬯
3 polos
8 calzoncillos - - - - - - -
8 calcetines - - - - - - -
1 muñequera
1 pantalón tenis
1 anorac
4 pantalones
2 camisetas interiores
1 camiseta
2 zapatos (pares)
1 tenis (")
1 zapatillas(")
1 toalla
1 chandal
3 jerseys
1 Chubasquero
1 Regalo Padre
1 Regalo Madre
1 Regalo Niño
2 bañadores.

E14

Your brother's Spanish penpal is at the end of his stay with your family. Your mother asks you and your brother to check that he has packed the correct number of each item according to this list which he has brought with him. Use the list to answer the following questions.

1 He has packed one pair of pajamas. How many should he have?
2 How many pairs of pants did he bring with him?
3 He has put in two towels. Is that correct?
4 How many pairs of socks should there be?
5 What did he bring for his host family?
6 What sports did he plan to engage in?

F Excursiones

E15

Which ticket (**A, B, C, D** or **E**) was used to get into:

1 a prison
2 a museum
3 a convent
4 an ancient site
5 a model village?

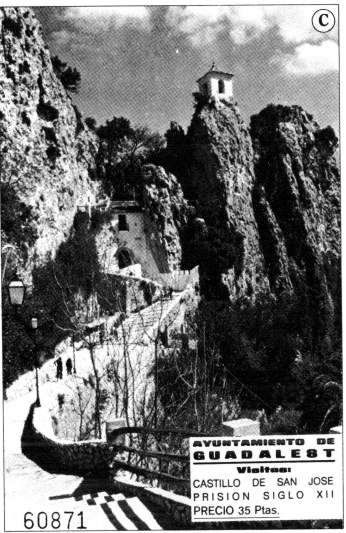

AYUNTAMIENTO DE
GUADALEST
Visitas:
CASTILLO DE SAN JOSE
PRISION SIGLO XII
PRECIO 35 Ptas.

60871

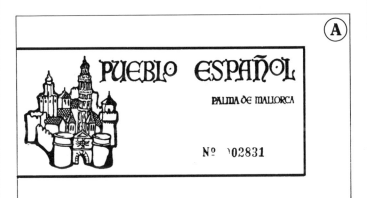

PUEBLO ESPAÑOL

PALMA DE MALLORCA

Nº 02831

Ministerio de Cultura
Museo Nacional del Prado

Casón
Guernica

Serie J Nº 230280

ENTRADA GRATUITA

Casón
Salas Siglo XIX

PATRIMONIO NACIONAL

MUSEOS

PATRONATO DEL

MONASTERIO-CONVENTO

DE LAS HUELGAS REALES

(BURGOS)

50 Ptas.

Nº 017688

**POBLADO
PREHISTORICO DE
CAPO CORP VELL**

LLUCHMAYOR
(M. H. A.)

25 Pesetas

Nº 002646

E16

While in Santander, your friend has mentioned to you that the city has some interesting museums. Copy this table and check off where you would go to see the following items.

Places	Things to see				
	Contemporary paintings	Stone-age weapons	A drawing on a fly's wing	Boats	Gemstones
Marítimo					
Municipal					
Regional					
Micro-miniaturas					
Hotel Santemar					

E17

A Spanish friend is involved in a youth group in Madrid. She sends you a notice of one of their activities. You check that you have understood the ad before writing back.

1 When did this event take place?
2 What did they plan to say about "El Madrid Joven"?

G Las vacaciones de los españoles

Where do Spaniards spend their vacations? This section shows you some of the places.

P

a ¿Fuiste de vacaciones el verano pasado? ¿Adónde?

b ¿Prefieres pasar las vacaciones con tus padres o con tus amigos? ¿Por qué?

E18

Here are details of three attractive places on the island of Ibiza – a very popular choice with Spanish vacationers, who not only travel on the Iberian peninsula, but also on the Balearic islands.

CLUB/2000 IBIZA - Santa Eulalia del Río/Portinatx

H. LA CALA**
San Jaime, 76,
Santa Eulalia del Río. Tel. 33 00 09

Hotel situado en el centro de Santa Eulalia, cerca del mar y del puerto deportivo.
Todas las habitaciones disponen de baño o ducha y la mayoría de ellas poseen terraza.
Disponen de piscina, bar, restaurante tipo buffet frío y caliente, salón social con TV.

H. LOS LOROS SOL***
Cas Capitá.
Santa Eulalia del Río. Tel. 33 07 61

Hotel situado frente al mar y a tan sólo 100 metros de la playa, en una zona muy tranquila totalmente rodeada de pinos.
Todas las habitaciones poseen cuarto de baño completo, teléfono, algunas con terraza y vistas al mar y otras con terrazas exteriores.
Dispone de piscina para adultos y para niños, piscina cubierta y climatizada, jardines, parque infantil, pista de tenis, salón social con TV en color y video, bares, restaurante, boutiques, discoteca, ping-pong y parking.

CLUB PORTINATX ⌘
Cala Portinatx. Tel. 34 71 33

Este maravilloso complejo turístico se encuentra enclavado en una de las innumerables calas de la isla de Ibiza, a 30 kilómetros de Ibiza ciudad.
Todos los bungalows se esparcen bajo pinos.
El edificio principal consta de recepción, restaurante, tiendas, bar, discoteca, sala de TV color y video y piscina.
Además cuenta con un amplio programa de animación, así como de deportes, entre los cuales usted podrá practicar tenis, voleibol, ping-pong, windsurfing y toda clase de ejercicios físicos.

HOTELES/ APARTAMENTOS	REG.	NUM. DE NOCHES	Mayo Octubre	1-27 junio	28 junio 28 julio	29 julio 15 agosto	16-31 agosto	1-15 septiem.	16-30 septiem.	DTO. 3.ª PAX	SUPL. INDIV.	DTO. NIÑOS	NOTAS
SANTA EULALIA DEL RIO													
H. LA CALA***	MP	3	20.100	22.800	25.400	29.300	28.500	25.500	24.700	10 %	750	2/10: 25 %	Supl. 20-28/7: 845 ptas.
		6	27.300	32.400	37.200	44.300	42.800	37.200	36.100				
		N. extra	2.370	3.150	3.690	4.530	4.530	3.690	3.690				
H. LOS LOROS SOL***	MP	3	21.100	22.900	27.700	30.200	29.400	27.700	26.900	30 %	1.065	2/15: Dto. niños Sol	Supl. 16-28/7: 425 ptas. Supl. PC: 520 ptas.
		6	29.300	32.700	41.700	46.200	44.400	41.400	40.300				
		N. extra	2.700	3.200	4.400	4.820	4.820	4.400	4.400				
CLUB PORTINATX	MP	3	20.800	23.200	29.500	30.700	29.900	29.500	23.500	20 %	750	2/12: 20 %	Supl. 21-31/5: 690 ptas. Dto. 1-8/7: 1.620 ptas. Supl. 1-7/10: 690 ptas.
		6	28.700	33.300	45.200	47.100	45.200	44.600	33.700				
		N. extra	2.615	3.300	4.950	4.950	4.950	4.950	3.300				

Make a chart like the one below in your answer book and fill in as much as you can about the vacations offered.

Name of hotel or apartments	Star rating	Distance from ocean/town	Discounts offered – 3rd person/child	Least/most expensive periods	Facilities offered	Activities offered

E19

You are looking through a Spanish magazine and see an interesting article on where the rich and famous like to spend their vacations. Try to match what they said, giving as many details as possible. Copy the table below to help you.

	Vacations in Spain or abroad?	Preferences
Lola Flores		
Sara Montiel		
María Vidaurreta		
Montserrat Caballé		

¿DONDE PREFIEREN PASAR SUS VACACIONES LOS FAMOSOS?

Esto de las vacaciones y el lugar a donde ir a disfrutarlas es como el mundo de la moda. Si los vestidos y las corrientes se presentan siete meses antes del comienzo de la temporada, el momento para elegir el lugar de descanso también es unos cuantos meses antes del verano.

Por eso preguntamos a nuestros famosos, miembros de la «jet» y políticos, cuál va a ser el lugar de descanso para ellos y sus familias. Al final de nuestra encuesta Marbella sigue siendo el foco de atención, el lugar de España que a más famosos es capaz de reunir.

A poca distancia, Mallorca, que parece que en los últimos años comienza a dispararse; pero ante todo, y en ello sí que fueron unánimes nuestros encuestados, les gusta España, todo el país, desde la montaña al sol.

LOLA FLORES

«Yo soy muy amante de mi país y me gustan todos sus rincones, pero la Costa del Sol, quizá por lo andaluza que soy, me tira especialmente. Desde hace muchísimos años, creo que desde siempre, mi familia y yo hemos pasado las vacaciones de verano en Marbella, donde, dicho sea de paso, tenemos una casa. El clima, el sol, casi permanente, y el ambiente de todos los andaluces, hacen de Marbella un lugar excepcional.»

SARA MONTIEL

«A nosotros la Costa del Sol nos encanta, porque siempre que voy por allí, que suele ser todos los años, me han tratado estupendamente y sólo he recibido muestras de cariño, pero tampoco puedo olvidar dónde vivo, por qué vivo allí, en Mallorca. El clima y el ambiente de las Baleares es insustituible, además del paisaje y la sensación de vivir en una isla. Yo, con mucho cariño a otras regiones españolas, me decanto por Mallorca.»

MONTSERRAT CABALLE

La diplomacia es una de las grandes virtudes de la «prima donna» mundial Montserrat Caballé, y a nuestra pregunta Montserrat no se decantó hacia ningún lado.

«A mí, como viajera constante, me ocurre lo que a todos los que estamos mucho tiempo fuera de nuestro país: que lo echamos tremendamente de menos. Y lo echamos de menos en su conjunto, no a unos lugares más que a otros. Por eso, cuando me hablan de veranear, cosa que pocas veces he logrado, hablo de España, de cualquier parte de España, y no puedo decantarme por el norte o el sur, la Costa del Sol o las Baleares.»

MARIA VIDAURRETA

«A mí Marbella me fascina. Yo soy de las personas a los que no les gusta demasiado el ruido ni el ajetreo, y menos aún, claro, si estoy de vacaciones y, aunque parezca extraño, por eso me voy a Marbella con mi familia a pasar el mes de agosto. En la Costa del Sol se puede encontrar todo tipo de ambientes, y eso para una zona de veraneo es fundamental, por eso vamos a Marbella.»

H   El tiempo

E20

Here is a chart showing temperatures at the beginning of
September in Majorca.

1 Which were the hottest consecutive two days of the year?
2 What is the forecast for the days following September 3?

LOS DIAS MAS
CALUROSOS
del AÑO

Sábado, 3 septiembre

1.- *19 de JULIO*   **37'6°**

2.- *2 de AGOSTO*   **36'0°**

3.- *11 de AGOSTO* **35'6°**

4.- *3 de AGOSTO*   **35'4°**

5.- *26 de JULIO*   **35'2°**

Ayer viernes la temperatura máxima se situó en 29'7 grados centígrados. Hace unos días que la temperatura está más o menos estable con ligeras variaciones. El verano se resiste a dejar paso a temperaturas más suaves. Nos quedan aún unos días de calor.

LA MAXIMA DE AYER

29'7°

E21

What weather is expected in Catalonia? What advice is
being offered?

EL TIEMPO

Una borrasca mantendrá el tiempo húmedo y bastante fresco

LINO DÍEZ

■ Barcelona. – El tiempo continuará húmedo y variable, tal y como comenzará este fin de semana. Una borrasca se ha colado hacia el sureste peninsular y desde allí volteará viento húmedo y fresco del Mediterráneo hacia Catalunya. Por eso el tiempo será variable y revuelto en toda el área mediterránea, con chubascos dispersos, moderados, temperaturas máximas suaves y algunas tormentas dispersas.

La tendencia para los próximos días no señala mejoría sensible. La llegada de masas nubosas producirán chubascos más intensos y generalizados y las temperaturas experimentarán un nuevo descenso, sobre todo las mínimas, hasta el punto de que habrá más nevadas en el Pirineo.

En Catalunya, el viento de Levante mantendrá un ambiente muy húmedo y fresco, con nubosidad abundante, sobre todo en la zona costera, donde quedarán localizadas casi todas las precipitaciones. Menos alguna tormenta que puede arrojar un aguacero moderado, las lluvias serán débiles.

En la zona marítima, el viento soplará del sureste al noreste, con intensidad moderada, 2 a 5 de la escala de Beaufort, y la mar persistirá en marejada, olas de 1 a 1,5 metros, en alta mar y mar rizada en la costa.

LA PREVISIÓN DE HOY

☀ SOLEADO	⚡ TORMENTA	❄ NIEVE
CALOR	FRÍO	NIEBLA
NUBLADO	VIENTO	MAREJADA
POSIBILIDAD DE LLUVIA	VIENTO Y FRÍO	MAREJADILLA
☂ LLUVIA	LLUVIA Y FRÍO	MAR RIZADA

SUGERENCIA

■■ **QUÉDESE EN CASA** – Justo cuando Agricultura acaba de declarar el estado de máxima vigilancia contra los incendios forestales, el viento húmedo de lluvia asoma por el horizonte. De momento continuará la enorme sequedad ambiental que arrastramos desde hace meses, pero las perspectivas de nuevas lluvias y de chubascos más intensos hacen pensar en un alivio importante para el bosque, que ya en primavera se halla al punto de fuego. Con esta situación lo mejor es quedarse en casa, asomarse al balcón y según la nubosidad de cada lugar hacer lo que más apetezca, pero siempre teniendo en cuenta que el tiempo cambiará con prontitud.

I Ferias y fiestas

E22

Spain is often said to be a country of public holidays! If you were lucky enough to be there on these occasions, there would be much to see and do. Copy this table and fill in all the details you can find.

	Celebration				
	Semana Grande	San Isidro	Fallas	San Fermín	Nuestra Señora de la Merced
Place					
Date					
Main events					

Ferias y fiestas.

Veamos ahora las fiestas mayores.

Si viene usted a España durante el mes de marzo, no se pierda las Fallas de Valencia. La noche en que se queman las «fallas» no se le olvidará a usted nunca, y el olor a la pólvora de la cohetería, tampoco.

Entre abril y mayo hay Feria de Primavera en Sevilla y Jerez de la Frontera. Sevilla es tierra del salero; y su Feria de abril es la fiesta de la cortesía y de la gracia. Y Jerez, ¡la tierra de los famosos caldos, los caballos elegantes y los toros bravos. En el mes de mayo son las fiestas de San Isidro en Madrid. Doce corridas de toros en doce días seguidos, con los mejores diestros en cartel. Con esto está dicho todo.

El Corpus Christi se celebra en toda España; pero tiene máximo esplendor en Toledo, la ciudad esencial que resume el alma de España. Toledo es imprescindible para conocer España. También Granada rodea de especial relieve la festividad del Corpus. Igualmente hay fiestas del Corpus en Cádiz, en Sevilla, en Valencia y en Barcelona.

Y el siete de julio, si eligió usted este mes para su viaje, ¡en Pamplona! Al encierro, como un pamplonés más. Son los Sanfermines, Feria del Toro, del vino, de la buena mesa, de la alegría sin límites y de la desbordante solidaridad. Hemingway no se perdía estas fiestas ningún año.

A mediados de agosto, San Sebastián, una de las ciudades más elegantes de España, la de la Concha, primor entre primores playeros, celebra su Semana Grande. Fiestas supremas del Cantábrico. Corridas, regatas, certámenes folklóricos y competiciones deportivas.

En septiembre, Barcelona, la primera ciudad de España según los catalanes y la segunda según los madrileños, festeja a Nuestra Señora de la Merced con una de las ferias de más solera de la Península. Muy importantes corridas de toros y festejos mil.

Y, por fin, si elige usted el otoño y es octubre el mes de sus vacaciones, vaya a Zaragoza, la capital del Ebro, donde las Fiestas del Pilar le sumergirán en una España recia, viril, alegre, sana e inolvidable.

Le conviene recordar que son festivos en todo el país los siguientes días, en los que cierran los comercios y las oficinas, pero están abiertos los espectáculos, restaurantes y bares, y funcionan los medios de transporte: Día de Año Nuevo, Fiesta de la Epifanía (6 de enero), San José (19 de marzo), Viernes y Sábado Santos de la Semana Santa, Fiestas del Trabajo (1 de mayo), Corpus Christi y Día de la Ascensión, Día de San Pedro y San Pablo (29 de junio), Fiesta Nacional (18 de julio), Santiago Apóstol, Patrón de España (25 de julio), Día de la Asunción (15 de agosto), Día de la Hispanidad (12 de octubre), Día de Todos los Santos (1 de noviembre), Día de la Inmaculada Concepción (8 de diciembre) y Navidad (25 de diciembre). Además, cada ciudad celebra sus fiestas, que suelen coincidir con la de su respectivo Santo Patrón.

E23

The April fair in Sevilla is a very important event. What is happening here on April 16?

Feria de Abril de

16 ABRIL

Actuación del Grupo

ORO CALIENTE

Con todo el ambiente, música y colorido

de una noche sevillana.

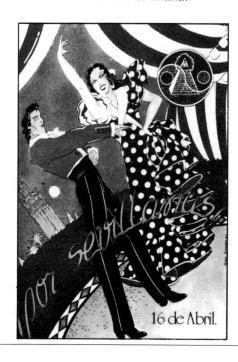

16 de Abril.

E24

Can you guess what time of year it is? Instead of writing to Santa Claus, to whom do Spanish children write?

A S.S. M.M.
Los Reyes Magos
Oriente

E25

What event is being held at the hotel Reina Cristina? When?

E26

What special two events are being shown on Spanish TV?

Lotería de Navidad ★★★

El sorteo, en directo.

8.20
Especial
TVE 1

Desde el Salón de Loterías, de Madrid, TVE transmitirá en directo el Sorteo Extraordinario de la Lotería de Navidad. De nuevo, los niños y niñas del colegio de San Ildefonso serán los encargados de repartir la suerte en el sorteo más importante del año. El primer premio es de 250 millones de pesetas. Una vez que aparezca el "gordo", habrá un informativo especial en el que se entrevistará a los agraciados.

Los niños de San Ildefonso serán los encargados de repartir la suerte.
Foto: ANTENA

Mensaje de S. M. el Rey ★★★

Paz y felicidad

21.00
Todas las c.

Como ya es habitual desde que ascendió al Trono, *Su Majestad el Rey don Juan Carlos* se dirigirá hoy a todos los españoles. El Jefe del Estado aparecerá ante las cámaras en un ambiente familiar, para transmitir sus impresiones a una audiencia diversa y exponer sus mejores deseos para el pueblo español. Mensaje navideño y fraternal, se referirá a todo aquello que tenga que ver con la convivencia y con lo mejor que hay dentro de cada uno. Se emite, al mismo tiempo por todas las cadenas radiofónicas y televisivas del Estado español.

S. M. el Rey deseará hoy paz y felicidad a todos los españoles.
Foto: DALDA

E27

Christmas is always a time for overeating!

1. For what day are these special meals being advertised?
2. Which main courses are being served at both places?
3. What fruit is in season?
4. What Christmas specialty is served as a dessert at both events?

EL FORO D MALLORCA
— Binissalem
NOCHEBUENA
en los salones del Castillo

CON LA ACTUACION DE **TOMEU PENYA**

MENU
- Sopa navideña
- Rosada salsa tártara
- Pollo y lechona, patatas risoladas y ensalada
- Vinos Binisalem
- Cava Delapierre
- Fruta y turrones
- Café, licores y cotillón a las 2'00 madrugada chocolate con ensaimadas.

Orquesta **TELEX**

Precio: 2.900
Solo Cotillón: 900

Reservas:
- En Palma, Café Moyer Av. G. Alomar i Villalonga, 8 Tel: 72 10 80
- El Foro de Mallorca Tel: 51 12 28 51 20 05

y en **BRUIXES** Selecto Cotillón
Brinde con **CODORNiU**

Ca'n Verdera

Calle Las Parcelas (Las Maravillas)
El Arenal - Tel. 26 10 57

«MENU DE NOCHEBUENA»

VINO ESPAÑOL Y DELICIAS
• • •
*ESPARRAGOS CON MAHONESA
ENDIBIAS ROQUEFORT*
o
TRUCHA AHUMADA
• • •
*PAVO ASADO AL HORNO
CA'N VERDERA
LECHONA ASADA*
o
SOLOMILLO DE TERNERA A LA PIMIENTA
• • •
*VINO ROSADO Y TINTO DE CASCANTE
(Navarra)
MANDARINAS Y TURRON NAVIDEÑO*
• • •
CHAMPAN, CAFE Y LICOR
• • •
¡MUSICA EN VIVO!
Precio por persona: 2.600 Ptas.

DE COMPRAS EN LA VIGILIA DE LAS FIESTAS

E28

Christmas is the time for giving and receiving. You've got some last minute shopping to do and need some ideas!
Where would you go to buy:

1. a basket of fruit
2. a selection of cold meats
3. a good bottle of sherry
4. special teas
5. a Christmas crèche, made of chocolate?

Ya en la vigilia de las fiestas, cuando quedan compras por hacer y regalos por adquirir, tal vez resulta útil para el lector una miniguía de establecimientos de la ciudad que ofrecen alimentos propios de estas fechas, presentados con la gracia que requiere el obsequio navideño. Desde luego, no son los únicos pero por obvias razones tenemos que limitarnos a un número exiguo de tiendas. Ya sea en uno de los que sugerimos, ya sea en cualquier otro establecimiento prestigioso de nuestra ciudad, pueden encontrar ustedes lo que les interese.

SEMON. GANDUXER, 31. Tel. 2016508.

Charcuteria de máximo prestigio. Los mejores productos y, de manera muy especial, el mejor salmón. Exquisiteces como el caviar y un soberbio jamón serrano. Cocina de gran clase. Muy importante botellería. Vinos en exclusiva. Jereces especiales.

CRAC-CRAC. SANTALÓ, 44. Tel. 2005523.

Sesenta, setenta tipos de frutos secos; hierbas aromáticas, una veintena también de las más exóticas; una docena de tipos de té. Con todo esto, han preparado cestas y centros navideños, con gracia y calidad. También un gran surtido de mermeladas y mieles.

ESCRIBÁ. GRAN VÍA, 546. Tel. 2547535.

Es la pastelería del «mago del chocolate», don Antonio Escribá. También es panadería de excepcional calidad. En estos días, panes especiales con formas alusivas a la Navidad. Belenes de chocolate. Turrones de Jijona helados, de crema y de chocolate.

SITJAR. MUNTANER, 330. Tel. 2097110.

Las comidas de Navidad pueden culminar con los sabores refrescantes de las frutas. Miguel Sitjar tiene a gala su impresionante surtido de frutas, seleccionadas con intransigente rigurosidad. Sitjar es un permanente festival de la fruta, y prepara cestas navideñas marcadas con la gracia exótica de kiwis, mangos, papayas, cocos, piñas...

BAIXAS. CALAF, 14. Tel. 2097110.

Pasteleria y chocolatería a partir de materias primas de impecable calidad. Muy recomendables sus especialidades navideñas; turrones de chocolate, praliné y crema. Troc y Tortell de Reis.

E29

Bullfighting is often associated with public festivals.

¡A los toros!

Son famosas las corridas de las Fallas, en Valencia, por San José, en marzo. Y también las de la feria de julio en esta ciudad. Las de la feria de abril en Sevilla, las de San Isidro, en mayo, en Madrid. Las del Corpus Christi, en Granada y Toledo. En julio las de San Fermín, en Pamplona. En agosto, las de la feria de Bilbao y la Semana Grande de San Sebastián. En septiembre, las de las Fiestas de la Merced, en Barcelona; las de las ferias de Valladolid y Salamanca. En octubre tienen gran importancia las de las fiestas del Pilar, en Zaragoza.

Estos son festejos taurinos que gozan de merecida tradición; pero es posible ver buenas corridas, en una u otra fecha, en muchos pueblos y ciudades de España, generalmente coincidiendo con las ferias y fiestas locales. Y en el verano, en distintas plazas de gran afluencia de veraneantes y turistas.

How true is it to say that bullfights only exist for tourists?

Here are details of a famous festival.

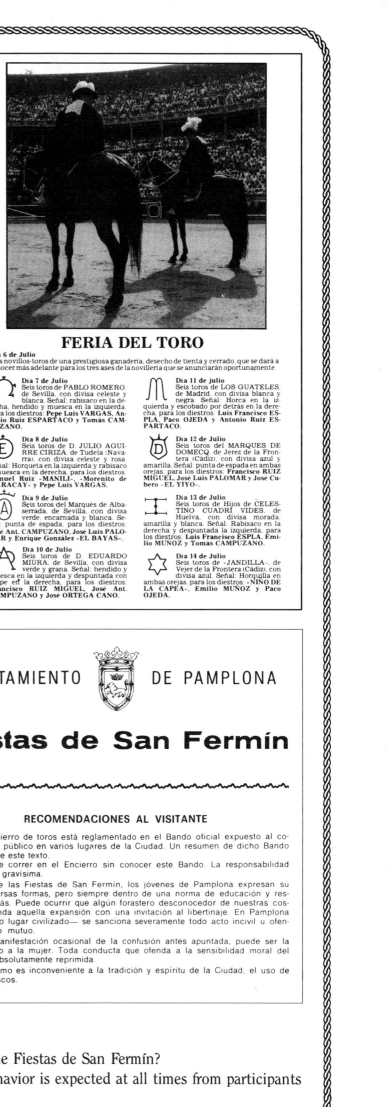

FERIA DEL TORO

Día 6 de Julio
Seis novillos-toros de una prestigiosa ganadería, desecho de tienta y cerrado, que se dará a conocer más adelante para los tres ases de la novillería que se anunciarán oportunamente.

Día 7 de Julio
Seis toros de PABLO ROMERO, de Sevilla, con divisa celeste y blanca. Señal: rabisaco en la derecha, hendido y muesca en la izquierda, para los diestros: **Pepe Luis VARGAS, Antonio Ruiz ESPARTACO y Tomás CAMPUZANO.**

Día 8 de Julio
Seis toros de D. JULIO AGUIRRE CIRIZA, de Tudela (Navarra), con divisa celeste y rosa. Señal: Horqueta en la izquierda y rabisaco y muesca en la derecha, para los diestros: **Manuel Ruiz -MANILI-, -Morenito de MARACAY- y Pepe Luis VARGAS.**

Día 9 de Julio
Seis toros del Marqués de Albaserrada, de Sevilla, con divisa verde, encarnada y blanca. Señal: punta de espada, para los diestros: **José Ant. CAMPUZANO, José Luis PALOMAR y Enrique González -EL BAYAS-.**

Día 10 de Julio
Seis toros de D. EDUARDO MIURA, de Sevilla, con divisa verde y grana. Señal: hendido y muesca en la izquierda y despuntada con golpe en la derecha, para los diestros: **Francisco RUIZ MIGUEL, José Ant. CAMPUZANO y José ORTEGA CANO.**

Día 11 de julio
Seis toros de LOS GUATELES, de Madrid, con divisa blanca y negra. Señal: Horca en la izquierda y escobado por detrás en la derecha, para los diestros: **Luis Francisco ESPLA, Paco OJEDA y Antonio Ruiz ESPARTACO.**

Día 12 de Julio
Seis toros del MARQUES DE DOMECQ, de Jerez de la Frontera (Cádiz), con divisa azul y amarilla. Señal: punta de espada en ambas orejas, para los diestros: **Francisco RUIZ MIGUEL, José Luis PALOMAR y José Cubero -EL YIYO-.**

Día 13 de Julio
Seis toros de Hijos de CELESTINO CUADRI VIDES, de Huelva, con divisa morada, amarilla y blanca. Señal: Rabisaco en la derecha y despuntada la izquierda, para los diestros: **Luis Francisco ESPLA, Emilio MUÑOZ y Tomás CAMPUZANO.**

Día 14 de Julio
Seis toros de -JANDILLA-, de Vejer de la Frontera (Cádiz), con divisa azul. Señal: Horquilla en ambas orejas, para los diestros: **-NIÑO DE LA CAPEA-, Emilio MUÑOZ y Paco OJEDA.**

AYUNTAMIENTO DE PAMPLONA

Fiestas de San Fermín

RECOMENDACIONES AL VISITANTE

1.ª El Encierro de toros está reglamentado en el Bando oficial expuesto al conocimiento del público en varios lugares de la Ciudad. Un resumen de dicho Bando figura al final de este texto.

Nadie debe correr en el Encierro sin conocer este Bando. La responsabilidad del infractor es gravísima.

2.ª Durante las Fiestas de San Fermín, los jóvenes de Pamplona expresan su alegría de diversas formas, pero siempre dentro de una norma de educación y respeto a los demás. Puede ocurrir que algún forastero desconocedor de nuestras costumbres confunda aquella expansión con una invitación al libertinaje. En Pamplona —como en todo lugar civilizado— se sanciona severamente todo acto incivil u ofensivo al respeto mutuo.

3.ª Una manifestación ocasional de la confusión antes apuntada, puede ser la falta de respeto a la mujer. Toda conducta que ofenda a la sensibilidad moral del público, será absolutamente reprimida.

4.ª Asimismo es inconveniente a la tradición y espíritu de la Ciudad, el uso de vestidos grotescos.

E30

1 How many bulls normally take part in each session at the Fiestas de San Fermín?
2 Despite the carefree atmosphere of San Fermín, good behavior is expected at all times from participants and visitors. Name two things that will not be tolerated.

Chapter 11
Practice examination

1 On your first day in Spain, you go to school with your Spanish friend.

> ## PARADA BUS ESCOLAR

Why do you wait here? (1)

2 In the same street you see this sign.

> ## CARRIL DE AUTOBÚS. MIRE ANTES DE CRUZAR

What must you be sure to do? (1)

3 On the bus you see this sign.

> ## EL VIAJERO SIN BILLETE SERÁ SANCIONADO
> ## CON UNA MULTA DE 800 PTAS

When would you have to pay this fine? (1)

4 The next day, while waiting for your friend in town, you notice these signs (**1–7**). Match them to the written notices (**a–g**).

a) Ascensores
b) Entrada parking
c) Escaleras mecánicas
d) Salidas de emergencia
e) Teléfono público
f) Escaleras
g) Aseos

(7)

5 You go shopping with your host family in the famous El Corte Inglés and study the store guide.

a) Name three departments that are located on the second floor. (3)

b) Where do you need to go for earrings and bracelets? (1)

c) You want to change some money. Which floor do you want? (1)

d) You are very hungry. Where can you eat? (1)

6 You are planning an evening out and look through the local paper for some ideas. You are particularly interested in this advertisement.

MUSICALES

Bar Concierto Clamores Jazz.
☎ 445 79 38 / Alburquerque, 14 / Metro Bilbao.
—Cotidiano *jazz* en vivo a partir de las 11 noche. Días 20 al 23, **Moltex Quintet.** Días 24 al 30, **Hian Henry + O.C.Q.**

a) Would you expect there to be a disc jockey at this event? (1)

b) Would you go there right after your classes? (1)

c) What or whom could you listen to on the 21st of the month? (1)

GUIA DE DEPARTAMENTOS

Planta	DEPARTAMENTO	Planta	DEPARTAMENTO
7	**OPORTUNIDADES. CAFETERIA.** Restaurante Buffet. Mesón.	**2**	**BEBES:** Carrocería. Canastillas. Confección. Regalos bebés. Zapatería Bebés. **NIÑOS/NIÑAS (4 a 10 años):** Confección. Complementos. Boutiques. **CHICOS/CHICAS (11 a 14 años):** Confección. Complementos. Boutiques. **JUGUETERIA. ZAPATERIA:** Señoras, Caballeros, Joven y Niños.
6	**MUEBLES Y DECORACION:** Dormitorios. Salones. Alfombras nacionales-orientales. Lámparas. Mantelerías bordadas. Textiles del Hogar.		
5	**JUVENTUD Y DEPORTES:** Confección Joven El. Confección Joven Ella. Boutiques femeninas (Arco Iris, Carla, Drach, Joly, Zhiva, Tintoretto), Boutique masculina (Peter Lord) Zapatería, Complementos. **DEPORTES:** Golf. Tenis. Caza. Pesca. Montaña, etc. Tiendas Adidas. Ellesse.	**1**	**HOGAR MENAJE:** Artesanía. Accesorios Automóvil. Bricolage. Cerámicas. Cristalerías. Cuberterías. Loza. Orfebrería. Porcelanas (Lladró, Capodimonte). Platería. Regalos. Saneamiento. Vajillas.
4	**CONFECCION SEÑORAS:** Boutique de la piel. Boutiques (Balenciaga, Georges Rech, Guy Laroche, Lasserre, Francisco Delgado, Pedro del Hierro, Pierre Balmain). Lencería y corsetería. Complementos. Zapatería Peluquería.	**B**	**COMPLEMENTOS:** Abanicos, Bisutería, Bolsos, Cosmética y Perfumería, Damasquinados de Toledo. Estanco. Fumador. Joyería. Librería. Mantillas. Marroquinería. Medias. Pañuelos. Papelería. Relojería. Sombreros. Souvenirs. Discos.
3	**CONFECCION CABALLEROS:** Ante, piel. Artículos viaje. Boutique. Complementos. Zapatería. Peluquería. Agencia de viajes. Cambio de moneda. Desgravación fiscal. Oficinas.		

Zoo de la Casa de Campo

☎ 711 99 50 / *Metro* Batán. Autobús 33 (desde la plaza de Isabel II) Entrada: 10 a 18. Cierre: 18.30.

7 One day, your friend suggests a visit to the zoo.

a) According to the advertisement, how could you get to the zoo? (1)

b) Could you get in if you arrived at 6:15 p.m.? (1)

8 When looking around the kitchen in your friend's house, you notice this package of soup.

Sopa Marsellesa de pescado

TIEMPO DE COCCIÓN. 10 minutos.

FORMA DE PREPARACIÓN. Vierta el contenido del sobre en un litro de agua templada. Llévelo a ebullición, removiendo de vez en cuando. Cubra la mitad del recipiente y déjelo cocer a fuego lento durante 10 minutos, removiendo de vez en cuando.

a) What kind of soup is this? (1)

b) List any two of the stages of preparation. (2)

9 Some relatives have just come to visit your friend's family. You study their train ticket. Which two of the facts given below are correct?

a) The ticket covered a trip from Madrid to Albacete.
b) The trip was made on April 14.
c) First class accommodations were required.
d) The ticket cost 1.915 pesetas.
e) The seat was in a smoking compartment. (2)

Diversión para toda la familia

Aqualand ofrece diversión a cada uno de los miembros de la familia con piscinas, toboganes, rápidos, juegos, restaurantes, tiendas, parking, todo para pasar un día inolvidable.

TARIFAS:
Adultos: 1.100 ptas.
Niños (de 3 a 11 años): 600 ptas.
Pases de temporada: 6.000 ptas.
ABIERTO DESDE LAS 10 DE LA MAÑANA

El precio de entrada da derecho a disfrutar de todas las atracciones a lo largo del día. Alquiler de tumbonas y minitumbonas.
Aparcamiento y sombrillas gratis.

Servicio continuo de autobuses desde Triangulae Benidorm números 4 y 6
Y un servicio especial de autobús que le llevará hasta la misma puerta del parque AQUALAND EXPRESS

Aqualand
BENIDORM
donde el agua es más divertida.

No se permite la entrada de vidrios ni latas al parque

10 You join your family for a vacation in Benidorm. You decide to spend one day at Aqualand.
a) Which two features attract you most? (2)
b) How much will an eight-year-old have to pay? (1)
c) What time does Aqualand open? (1)
d) Name one thing that you are not allowed to bring in. (1)

11 You are staying with your parents at a hotel in Madrid. Decide which two of the facts given below are correct.

a) The hotel is in the Plaza Conde Duque.

b) You should show this card when you pick up your key.

c) The room costs 110 pesetas.

d) There are parking facilities for guests of the hotel.

e) The charge for parking is ten per cent of the room price. (2)

★★★ HOTEL CONDE DUQUE

PLAZA CONDE VALLE DE SUCHIL, 5

Teléf. 447 70 00 - Telex: 22058 DUQUE E

MADRID-15

Sr. D. ....

Entrada .... Salida ....

Habitación n.° *110* Precio: Ptas. ———

• **Por favor, muestre esta tarjeta en Conserjería al RETIRAR SU LLAVE.**

Un servicio más para nuestros clientes:

APARQUE SU COCHE en

PARKING, S. A.

entrando por *Magallanes, 3 moderno*

Presentando esta tarjeta, el precio le será reducido un **10 %**

◆Eros Ramazzotti

Música es

Eros Ramazzoti presenta la que desde luego es su obra más ambiciosa y perfecta. Todo un reto. Pocos son los artistas que se atreven con una canción —sinfonía de 11 minutos de duración, en la que poner de manifiesto voz, elegancia, capacidad creativa, ritmo, fuerza... todo. Esto es lo que ha hecho él, en la mejor tradición de los cantautores italianos, como Claudio Baglioni o Lucio Dalla. «Música es», la canción, presenta en esos 11 minutos todo lo que es Eros. Es un tema romántico, impecable, sencillamente maravilloso, y el cual él hace un repaso de su misma vida (habla de sus padres, su calle, su barrio, etc.). La instrumentación es inmensa. Un tema para oír cien veces y soñar. Pero no está solo en el LP. No hay que olvidar los seis restantes cortes, entre los que destaca «Así son los amigos», «Completamente enamorados» y el exquisito e igualmente romántico «Por ti me casaré». Un álbum 10, una obra perfecta. «Música es» es Eros Ramazzotti.

12 One day you pick up the teen magazine *Super Pop*. On the page featuring the hit singles, you come across this article on Eros Ramazzotti.

a) What nationality is Eros Ramazzotti? (1)

b) How does the writer sum up the album? (1)

c) Name two of the subjects that he sings about in the song "Música es." (2)

d) List any two points from the article that would attract you to the song "Música es." (2)

13 You are looking through some magazines in your Spanish friend's house and come across this article on making up after a quarrel. You are not sure about some of the points so you go over them with your friend, Mila.

10 CONSEJOS
PARA HACER LAS PACES

1 *Hacer las paces tras una discusión, un conflicto o un malentendido con alguna persona afectivamente cercana no es fácil, pero si dejas pasar demasiado tiempo será aún peor. Corre.*

● ● ●

2 *Alguien tiene que dar el primer paso. ¿Por qué no puedes ser tú? Si te pones a investigar quién tuvo más culpa, complicarás las cosas y no encontrarás nunca la reconciliación.*

3 *No dramatices, que no se hunde el mundo por una rebeldía. Si hubo algo más. ¿no sería mejor analizarlo juntos?*

● ● ●

4 *Escucha: dale una oportunidad a la otra parte, tal vez interpretaste mal, o él/ella interpretó mal.*

5 *A veces la ira es tal que correr a reconciliarse empeora la situación. Espera a calmarte. Da tiempo al tiempo, sin prisa alguna.*

● ● ●

6 *No te hagas la ofendida ni la víctima, que no es para tanto, y esas «dignas» actitudes están pasadas de moda. Relaja el gesto y relativiza un poco.*

● ● ●

7 *Sostener y no enmendar la falta es nefasto para la felicidad. Si ya sabes que te pasaste, ¿quieres volver a equivocarte al no dar tu brazo a torcer?*

● ● ●

8 *Es cierto que en ocasiones nos hieren, o nos hacen algo que no nos gusta, pero dedicarse a mimar tales recuerdos no es nada positivo: se pudren. Olvida. Pelillos a la mar.*

● ● ●

9 *Si la otra persona hace el esfuerzo de dar el primer paso, no cometas la imperdonable grosería de hacerte de rogar. Facilítale las cosas. Y agradécele su generosidad.*

● ● ●

10 *¿Qué significa una gotita de enfado en la inmensidad oceánica de una amistad o una pasión, de la que sin duda tienes recuerdos más positivos y vitales?*

a) Who do they suggest should make the first move to make up? (1)

b) Why do they say that trying to find out who is most to blame is pointless? (2)

c) Where do they suggest that you should help the other person if he/she makes the first move and that you should be grateful for the gesture of friendship? (1)

Acknowledgments

We are indebted to Peter Lupson, author of *Direct from Germany* and to Fiona Donaldson and Zina Bonney, co-authors of *Direct from France*, for allowing their books to be used as models for *Direct from Spain*.

We would like to thank colleagues and students for providing some of the authentic materials. We would also like to thank our families, Mila and Pierre, Sandra and Joanna, for putting up with so much disturbance during the gestation and production of the book, while never failing to give us every encouragement in our work!

Sonia Rouve, Ray Symons

The authors and publishers are grateful to the following for kindly granting permission to reproduce copyright material:

Antena TV, Madrid, for the advertisement on page 30 and information on page 131 • Ayuntamiento de Pamplona, for information on page 133 • Beecham Laboratories, S.A. for product details, on page 90 • Brittany Ferries Ltd (Modesto Piñeiro C y A, SA), Santander, for information on page 108 • Casa Misericordia Pamplona, for information on page 133 • Centros de Estudios C.C.C., San Sebastián, for the advertisement on page 30 • Continente, Palma de Mallorca, for the leaflet on page 60 • Diario de Mallorca, for the article on page 103 • Diaz–Caneja, Marina, for the student identity card on page 17 • Editorial Espasa-Calpe, S.A., Madrid, for the reviews on page 43 • El Corte Inglés, for the book reservation form on page 19, for the store guides on page 58 and page 135 • El Mundo del Perro, Madrid, for the article on page 16 • El Mundo Deportivo, Barcelona, for the article on page 36 • El País, Madrid, for the article on page 41 • Eurocentres, Zurich, for the information on page 25 • Galerías Preciados, Palma de Mallorca (Juan Fco. Grau Carreras) for permission to photograph signs used on page 2 and page 57 • Gil, Lucía, for the telephone bill on page 85 • Hill, David, for the letter on page 117 • Mapfre Industrial S.A., Madrid, for the leaflet on page 81 • Ministerio de Economía y Hacienda, Madrid, for information on page 40 • Popcorn, Madrid, for the articles on page 4, page 5, and page 6 • Roberts, Jane, for the information on page 121 • Rodriguez Pinto, Victoria, for the identity card on page 1 • Rueda de la Puerta, María del Carmen, for the report card on page 18 • Telefónica de España, Madrid, for the form on page 83, information on page 84, bill on page 85 • Turespaña, Madrid, for the article on page 35 • Walsh, James, for the form on page 79.

Every effort has been made to contact copyright holders and we apologize if any have been overlooked. We would be pleased to recognize sources in these Acknowledgments if approached subsequently.

NTC SPANISH TEXTS AND MATERIALS

Computer Software
Basic Vocabulary Builder on Computer
Amigo: Vocabulary Software

Videocassette, Activity Book, and Instructor's Manual
VideoPasaporte Español

Graded Readers
Diálogos simpáticos
Cuentitos simpáticos
Cuentos simpáticos
Beginner's Spanish Reader
Easy Spanish Reader

Workbooks
Así escribimos
Ya escribimos
¡A escribir!
Composiciones ilustradas
Spanish Verb Drills

Exploratory Language Books
Spanish for Beginners
Let's Learn Spanish Picture Dictionary
Spanish Picture Dictionary
Getting Started in Spanish
Just Enough Spanish

Conversation Books
¡Empecemos a charlar!
Basic Spanish Conversation
Everyday Conversations in Spanish

Manual and Audiocassette
How to Pronounce Spanish Correctly

Text and Audiocassette Learning Packages
Just Listen 'n Learn Spanish
Just Listen 'n Learn Spanish Plus
Practice and Improve Your Spanish
Practice and Improve Your Spanish Plus

High-Interest Readers
Sr. Pepino Series
  La momia desaparece
  La casa embrujada
  El secuestro

Journeys to Adventure Series
  Un verano misterioso
  La herencia
  El ojo de agua
  El enredo
  El jaguar curioso

Humor in Spanish and English
Spanish à la Cartoon

Puzzle and Word Game Books
Easy Spanish Crossword Puzzles
Easy Spanish Word Games & Puzzles
Easy Spanish Vocabulary Puzzles

Transparencies
Everyday Situations in Spanish

Black-line Masters
Spanish Verbs and Vocabulary Bingo Games
Spanish Crossword Puzzles
Spanish Culture Puzzles
Spanish Word Games
Spanish Vocabulary Puzzles

Handbooks and Reference Books
Complete Handbook of Spanish Verbs
Spanish Verbs and Essentials of Grammar
Nice 'n Easy Spanish Grammar
Tratado de ortografía razonada
Redacte mejor comercialmente
Guide to Correspondence in Spanish
Guide to Spanish Idioms

Dictionaries
Vox Modern Spanish and English Dictionary
Vox New College Spanish and English Dictionary
Vox Compact Spanish and English Dictionary
Vox Everyday Spanish and English Dictionary
Vox Traveler's Spanish and English Dictionary
Vox Super-Mini Spanish and English Dictionary
Cervantes-Walls Spanish and English Dictionary

For further information or a current catalog, write:
National Textbook Company
a division of *NTC Publishing Group*
4255 West Touhy Avenue
Lincolnwood, Illinois 60646-1975 U.S.A.